Tarot para principiantes

Las lecturas del Tarot comienzan aquí

El Tarot puede responder a todas sus preguntas, desde las más simples que usted haría a cualquier adivinador, hasta aquellas muy profundas que darán un nuevo curso a su vida. Si usted lleva a cabo un estudio constante sobre el Tarot con el propósito de enriquecer su vida personal y espiritual, podrá llegar a desarrollar sus propias interpretaciones sobre cada una de las imagenes en las cartas.

Para eso es necesario comenzar desde un nivel básico, aprendiendo el significado de cada una de ellas antes de que el Tarot comience a "hablarle" en su propio lenguaje. Así es como *Tarot para Principiantes* podrá ayudarle: ofreciéndole una descripción clara y una interpretación exacta de las 22 cartas de la Arcana Mayor y las 56 cartas de la Arcana Menor, así como la correcta colocación para su lectura.

Usted tiene la decisión final sobre el Tarot y su siginificado. El Tarot es una llave, y dónde existe una llave, existe una puerta. En algún lugar en el otro lado de esa puerta encontrará las respuestas a todas su preguntas por muy sencillas o complejas que sean. La autora P. Scott Hollander —experta en el Tarot por más de 20 años— le mostrará esas puertas que el tarot puede abrir para usted.

Acerca de la autora

P. Scott Hollander estudió y puso en práctica las enseñanzas del tarot por muchos años. Un sin número de lecturas realizadas en persona y a larga distancia le acumularon una experiencia sin igual. Además de utilizar las cartas para la adivinación, Hollander recurrió a este medio para dar consejos, practicar la magia y enseñar formas de meditación.

Como escritora profesional, ella escribió y publicó libros, artículos e historias cortas por más de veinticinco años. Desde 1989 la profesión como escritora ocupó todo su tiempo. Sus textos y artículos de literatura no novelesca, abarcaron ante todo temas esotéricos, incluyendo la publicación de Llewellyn en 1991 *Reading Between The Lines: The Basics of Handwriting Analysis*. Hollander murió el 4 de marzo de 1997.

Correspondencia la autora

Para contactar o escribir al autor, o si desea más información sobre este libro, envíe su correspondencia a Llewellyn Worldwide para ser remitida al autor. La casa editora y el autor agradecen su interés y comentarios en la lectura de este libro y sus beneficios obtenidos. Llewellyn Worldwide no garantiza que todas las cartas enviadas serán contestadas, pero si le aseguramos que serán remitidas al autor. Favor escribir a:

P. Scott Hollander
% Llewellyn Worldwide
P.O. Box 64383, Dept. K399-9
St. Paul, MN 55164-0383, U.S.A

Incluya un sobre estampillado con su dirección y $US1.00 para cubrir costos de correo. Fuera de los Estados Unidos incluya el cupón de correo internacional.

TAROT PARA PRINCIPIANTES

Una guía fácil para entender
e interpretar el Tarot

P. Scott Hollander

traducido por: Héctor Ramírez
y Edgar Rojas

2000
Llewellyn Español
St. Paul, Minnesota 55104-0383
U.S.A.

PRIMERA EDICIÓN
Primera impresión, 2000

Edición y coordinación general: Edgar Rojas
Editor colaborador: Flor Millán López
Traducción: Héctor Ramírez y Edgar Rojas
Diseño de la portada: William Merlin Cannon
Diseño del interior: Pam Keesey
Dibujos y gráficas: *El Tarot de Robin Wood, The Witches Tarot* y *Legend: The Arthurian Tarot*

Library of Congress Cataloging-in-Publication Data.
Librería de Congreso. Información sobre ésta publicación.
Pending. Pendiente.

Llewellyn Español
Una división de Llewellyn Worldwide, Ltd.
P.O. Box 64383, Dept. K399-9
St. Paul, MN 55164-0383, U.S.A.

www.llewellynespanol.com

Impreso en los Estados Unidos de América

 papel reciclado

Si un prisionero desprovisto de libros, tiene un tarot que sabe usar, podría en pocos años poseer una ciencia universal, y razonar sobre todos los asuntos posibles, con una doctrina inigualable y una elocuencia inagotable.

—Eliphas Levi—

A mi madre,
Florence Hollander,
quien me ayudó a mirar dentro de mi alma
para encontrar mi propio camino.

Contenido

Introducción

Antes de empezar

Si usted es una de las personas que hasta ahora comienza a estudiar el Tarot, lo que encontrará más confuso son los diferentes estilos de barajas, y las muchas interpretaciones de las cartas. ¿Dónde empezar? ¿Cuáles interpretaciones debe usar? No es tan complicado como parece. El significado básico de cada una de las cartas es bastante similar. Los diferentes sistemas varían debido a que casi todo el que usa una baraja de Tarot, termina desarrollando sus propias interpretaciones de las imágenes y simbolismos mostrados en las cartas.

Una vez que escoja una baraja y un sistema que encuentre compatible, el Tarot "hablará" con usted; más aún, le hablará en su lenguaje. Las imágenes del Tarot se traducen para usted en cualquier punto de vista filosófico o religioso que necesite para entender y usar su baraja.

La diferencia de sus interpretaciones personales depende de la intención de uso de la baraja. Si sólo quiere emplear el Tarot para leer la fortuna, entonces todo lo que necesita es encontrar y seguir un sistema ya existente que tenga sentido para usted (y le dé respuestas acertadas). Pero el Tarot, especialmente los Arcanos Mayores, puede también ser usado como un camino para el desarrollo espiritual, y si comienza un estudio intenso para tal propósito, formará finalmente sus propias interpretaciones de las ilustraciones de las cartas.

Lo que voy a hacer en este libro es ayudarlo a que inicie el estudio del Tarot. Describiré cada una de las cartas de una baraja estándar, y daré el significado básico respectivo. Mostraré no sólo la manera de usar la baraja como herramienta de adivinación, sino también cómo empezar a usarla para el entendimiento espiritual.

Si inicia un estudio serio del Tarot, encontrará que su baraja puede responder, además de las preguntas simples que usted le hace a un adivino, las preguntas que finalmente dirigirán su vida.

La baraja de Tarot

Hay 78 cartas en una baraja de Tarot, divididas en los Arcanos Mayores y los Arcanos Menores. La palabra "arcano" viene del latín *arcanus*, que significa oculto o secreto. En el contexto del Tarot, quiere decir secreto o misterio, y usualmente es utilizada en su forma plural.

Los Arcanos Mayores, o palo de Triunfos, consisten en veintidós cartas, cada una tiene una ilustración diferente que muestra una acción, un comportamiento y/o un evento. Cada carta tiene también una etiqueta, que es un nombre, un título, o una descripción de la ilustración de la carta.

Todas las cartas de Arcanos Mayores, excepto una, son numeradas del 1 al 21. El Loco, la única sin numerar, es generalmente asociada al número cero.

En una lectura, los Arcanos Mayores representan "estados del ser" —la condición mental, emocional y/o espiritual al momento de la lectura, o en términos de la situación que está siendo descrita—.

Las 56 cartas restantes de la baraja son llamadas Arcanos Menores. Estas se dividen en cuatro palos: Espadas, Copas, Pentáculos y Bastos. Hay 14 cartas en cada uno, diez son numeradas del As al Diez, las otras cuatro son cartas reales: Pajes, Caballeros, Reinas y Reyes.

En la lectura, los Arcanos Menores describen eventos o situaciones, y cada palo se enfoca en un área diferente de la vida. En general, las Espadas describen el estado mental o intelectual, y las Copas la vida sentimental. Los Pentáculos corresponden al estatus material o físico, y los Bastos a la carrera, las habilidades y los potenciales. Las cartas reales a menudo representan personas que tienen relación con su vida, o pueden tener el mismo tipo de interpretación de las cartas numeradas.

Las cartas de Arcanos Menores corresponden a las cartas de juego modernas. En la baraja moderna, el caballero ha sido eliminado, y el paje se convirtió en Sota, dejando sólo tres cartas reales en cada palo. Las Espadas del Tarot se han convertido en Picos, las Copas en Corazones, los Pentáculos son llamados Diamantes, y los Bastos son Tréboles. La única carta de los Arcanos Mayores que ha hecho la transición del Tarot a la baraja de juego es el Loco, que se convirtió en el Comodín.

Historia del Tarot

Hay muchas teorías acerca del origen del Tarot, pero nadie sabe con certeza dónde y cómo se desarrollaron inicialmente las cartas. Algunas autoridades afirman que el Tarot evolucionó de los palos de milenrama usados con el sistema chino de adivinación llamado I Ching; otros dicen que fue adaptado del legendario *Book of Thoth* (*Libro de Tot*). Algunos ubican su origen entre los siglos catorce y quince en Europa, ya que la baraja completa más antigua conocida data de ese tiempo.

La teoría más popular es que el Tarot fue inventado en el antiguo Egipto, y traído a Europa alrededor del siglo catorce por tribus de gitanos nómadas. Según los eruditos que apoyan esta teoría, las ilustraciones alegóricas mostradas en las cartas, se derivaron de las enseñanzas de las escuelas secretas de Egipto.

Papus, en su obra *Key to Occult Science* (*Clavícula a ciencia oculta*), explica que el reino estaba en peligro de ser derrocado, y por ello los sacerdotes diseñaron el Tarot, pues necesitaban mantener sus secretos para los iniciados de futuras generaciones. Los Arcanos Mayores mostraban las etapas del desarrollo personal requeridas por los iniciados mientras avanzaban para alcanzar el estado de adepto. Las enseñanzas estarían disponibles, de manera simbólica, para los estudiantes consagrados a las artes esotéricas, aunque la baraja en sí pareciera sólo un juego para el no iniciado.

Otras escuelas de pensamiento afirman que los Arcanos Mayores son un registro de enseñanzas secretas de diversos grupos religiosos clandestinos. Uno de esos grupos es el conformado por los gnósticos, antiguas sectas cristianas consideradas a menudo heréticas por sus creencias espirituales, que de hecho fueron forzadas a mantener su fe secretamente para escapar de la persecución.

Otra teoría sugiere que la filosofía del Tarot se derivó de la Cábala. El orden de los Arcanos Mayores está relacionado con el sistema hebreo de letras y números.

La Cábala es una tradición mística judía que enseña que es posible, a través de la interpretación de los textos antiguos, levantar la conciencia por encima del nivel de conocimiento mundano, y conseguir un entendimiento superior y la unión con lo divino. En esta enseñanza, las letras y los números no son sólo una forma de plasmar eventos e ideas, sino también reservas de poder divino que contienen cantidades de información accesible para el adepto. (Es interesante anotar que la escuela Griega Neopitagoreana también enseñaba que la letras y los números eran seres divinos que poseían sus propios poderes sobrenaturales.)

Muchas enseñanzas de los cabalistas nunca fueron escritas, fueron transmitidas de maestro a estudiante oralmente y mantenidas en secreto. El tipo de simbolismo usado en los Arcanos Mayores es una forma de preservar esos secretos sin dejarlos a fácil disponibilidad para el no iniciado. Luego en esta teoría, el Tarot es una representación alegórica del camino al entendimiento, que sería comprensible sólo para los entrenados en este método simbólico de estudio.

El origen de los Arcanos Menores es también incierto. Algunos investigadores creen que fueron parte de la baraja egipcia original. Otros dicen que fueron adicionados alrededor del siglo catorce de un juego de cartas italiano llamado *tarocchi*.

De hecho, incluso el origen del nombre "Tarot" es también un enigma. Una explicación simple es que la palabra fue derivada de las líneas cruzadas que aparecen al respaldo de las cartas, un diseño llamado *tarotee*. Otros dicen que el nombre viene del *tarrochi*, que proveía las cartas de Arcanos Menores.

Etteilla, un gran exponente del Tarot, explica que el nombre se deriva de la palabras egipcias *tar* (un camino), y *ro* o *ros* (real), que unidas significan "el camino real de la vida". J. F. Vaillent (en *Les Romes, histoire vraie des vraise Bohemiens*, 1857), afirma que la "gran divinidad AshTaroth (As-Taroth), no es más que el Indo-Tarter, el Tan-Tara, el Tarot, el zodiaco". Otras autoridades creen que tanto el Tarot como el *Libro de Tot* derivan su nombre de la palabra egipcia *taru*, que significa "requerir una respuesta" o "consultar".

Cualquiera que sea el origen del Tarot, es claro que el simbolismo es universal y está dirigido a diferentes culturas y filosofías. El Tarot ha sido usado por personas de todas las religiones, razas y tendencias políticas, que a su vez han desarrollado sus propias versiones de la baraja.

El único punto en que todas las autoridades concuerdan es que el Tarot, especialmente los Arcanos Mayores, contiene un libro completo de conocimiento esotérico que puede guiar a estudiantes dedicados a un entendimiento de sí mismos y de los misterios de la creación.

Uso del Tarot para adivinación y meditación

En la última sección de este libro, mostraré varios métodos para la adivinación con barajas de Tarot, y cómo darle sentido a las lecturas realizadas. Sin embargo, en este punto es importante entender cómo funciona el Tarot para encontrar respuestas a las preguntas.

Aunque tal vez no lo crea, usted tiene la habilidad innata de encontrar las respuestas que necesita, pero la mayoría de nosotros no tenemos dicha destreza. Usted usa el Tarot —o cualquier método de adivinación— como una forma de enfocar su clarividencia: para hacer que funcione cuando lo desea, y como ayuda para encontrar la verdad solicitada.

Considere su mente consciente como una especie de "conductor entrometido" que siempre tiene todas las respuestas —incluso cuando no sabe lo que está diciendo. En este caso, el entrometido del asiento trasero corresponde a alguien que suministra consejos que usted necesita, lo que hace más difícil ignorar sus inútiles instrucciones.

Ahora está conduciendo por una vía desconocida hacia un lugar que ni usted ni su acompañante han visto antes.

Sabe que con sólo concentrarse —en las señales de camino, las posiciones del sol y las estrellas, o su propio sentido de dirección— podría llegar a su destino sin problema alguno.

Sin embargo, no puede concentrarse. Cada vez que está a punto de saber qué camino seguir, el entrometido del asiento trasero lo interrumpe con consejos e instrucciones que deshacen su idea.

La única manera de callar a este personaje es ponerlo a hacer algo diferente, algo que haga sentir inútil al sabelotodo (quien en este caso no sabe nada), lo cual es realmente lo que quiere. De esa forma dejará de distraerlo y podrá dirigirse correctamente a su destino.

Usted no puede simplemente ignorar esas indeseadas instrucciones, pues el "pasajero" necesita ser incluido. De hecho, no puede dejar de interferir, incluso si ambos así lo desean. Por eso, lo mejor que puede hacer es darle el mapa del camino y dejar que sea el único que lea las direcciones. Ese es el funcionamiento de cualquier herramienta de adivinación. Le da algo qué hacer a su mente consciente, de tal forma que su mente clarividente natural pueda concentrarse en conducir hasta su destino.

De todos los mapas itinerarios hacia el autoentendimiento y el desarrollo espiritual, el Tarot es el más detallado y conciso disponible.

En los capítulos siguientes, daré los significados básicos de las cartas de ambos Arcanos. Como dije al empezar, la interpretación de estas cartas, una vez que inicie lecturas serias, depende básicamente de usted mismo. Entre más trabaje con el Tarot, más personal serán las interpretaciones de cada carta.

Deje que las cartas le hablen. Si en una lectura en particular "siente" que el significado es diferente al sugerido por cualquier libro de Tarot, déjese llevar por su pensamiento. El Tarot está diseñado para estimular su subconsciente clarividente con el fin de ayudarlo a entender la verdad.

Primera Parte

Los Arcanos Mayores

Introducción

Los Arcanos Mayores, llamados también Triunfos, son el corazón del Tarot. En estas 22 cartas se expresan las primeras enseñanzas. Cualquiera que sea la filosofía que el intérprete pueda seguir, influenciará el diseño de estas cartas y la interpretación de los Arcanos Menores.

Cada una de las ilustraciones de los Arcanos Mayores es una representación alegórica de un estado diferente del ser, o etapa del desarrollo espiritual. Tomadas como una unidad, las cartas muestran la progresión de neófito-iniciado-adepto en los misterios que enseña el Tarot.

Los significados de cada una de las ilustraciones son de hecho místicos y complejos. Pero no es necesario desanimar a los nuevos estudiantes usando un lenguaje complicado para describirlas. Los significados básicos de las cartas pueden ser explicados con un español simple.

Lo que haré en este libro será presentarle la historia que ilustra cada carta, y darle una "guía básica" para que investigue implicaciones filosóficas más profundas de usted mismo. De esta manera, ya sea que quiera usar el Tarot sólo para adivinación, o seguir hasta explorar sus significados místicos, tendrá un punto de partida para ambos propósitos.

Cómo usar esta guía

Hay dos formas de usar este texto. Si desea emplear su baraja sólo para adivinación, en cada capítulo pase a la sección titulada "En la lectura" y comience ahí. Si quiere usar este libro para iniciar un estudio serio de los Arcanos Mayores, siga el procedimiento enunciado a continuación, luego lea cada capítulo en su totalidad.

En la primera parte de este texto, cada una de las cartas de los Arcanos Mayores es descrita de acuerdo al mismo sistema. Inicialmente será dado el nombre de la carta y su correspondencia, esto es, el número y la letra del alfabeto hebreo que se asocian a ella.

Luego sigue una breve explicación de lo que representa la carta, del estado del ser o la etapa de desarrollo espiritual que la ilustración pretende mostrar.

Note que esta es una explicación sencilla del significado de la carta, es solamente un punto de partida para que empiece su propia investigación del verdadero significado de la carta. Sin embargo, si usa el Tarot para adivinación, puede usar esta descripción como una guía general del estado mental o las características personales de su consultante en la situación que la lectura muestra.

Las dos secciones siguientes de cada capítulo están destinadas a ayudarlo a descubrir los significados más profundos de los Arcanos Mayores para usted mismo.

Primero hay una descripción de la ilustración de cada carta, que cubre los elementos básicos que debe tener en cuenta y, cuando es necesario, el significado de ellos.

Observe aquí que las ilustraciones en todas las barajas difieren en cierto grado. Algunas diferencias son superficiales, en los trajes, en el género de las figuras, etc. También hay elementos que han sido adicionados a la ilustración para complementar o reforzar la filosofía básica del diseñador de una baraja determinada.

Pero, hay elementos de los Arcanos Mayores que son iguales —o deberían ser iguales— en todas las barajas, y son ellos los descritos en estos capítulos. La sección "descripción" asume que usted está trabajando con una sola baraja, y por consiguiente no puede comparar barajas y ver lo que tienen en común. Por ello, el propósito inicial de esta sección, es simplemente decirle cuáles son los elementos más vitales de cada carta para el significado básico del Tarot que son repetidos en todas las barajas.

La segunda parte de la sección de meditación, "Significado", explica la alegoría que la carta representa. De nuevo, se ha hecho un intento por eliminar cualquier interpretación específica a un sistema filosófico o religioso determinado, y sólo se darán las interpretaciones básicas y estándar de las cartas.

Esta descripción es también un punto de partida. Lo que posteriormente obtenga de las cartas, deberá surgir de usted mismo.

Cómo empezar su propia interpretación

Antes de continuar, examine con cuidado una por una las cartas de Arcanos Mayores de su baraja. Observe las figuras principales de la carta, sus posiciones (si los personajes están sentados o parados, la posición de sus manos y sus cuerpos, etc.), cualquier otra figura de cualquier tipo que las acompañen, cualquier herramienta o apoyo que puedan tener, y cualquier punto de fondo que le llame la atención en especial.

Note que cada detalle en la carta es un símbolo significativo, incluso algo tan secundario como un grupo de árboles en cierta parte del fondo, y que cada carta contiene un número de elementos que deben ser considerados al interpretar el significado global. Así como hay elementos de mayor importancia (aquellos que están presentes en la mayoría de barajas de Tarot), cada baraja en particular adiciona sus propios simbolismos, y esto crea una perspectiva diferente en la interpretación. Concéntrese en observar todo lo que contiene cada ilustración.

Cuando estudie sus cartas, tenga en cuenta que muchas culturas han contribuido al desarrollo del Tarot. Si no se siente bien con algunos símbolos filosóficos de las ilustraciones, está trabajando con la baraja equivocada. Por ejemplo, hay barajas que usan una clara simbología cristiana; otras tienen tendencias paganas, feministas, etc. Si su filosofía religiosa, e incluso política, está en conflicto con la del diseñador de su baraja, no podrá usarla con propósitos de meditación.

Desgraciadamente, también hay algunas barajas que usan símbolos confusos (he visto una en la que una sacerdotisa pagana usando un tocado de medialuna es seguida por un papa católico romano que sostiene una cruz triple). Le sugeriría que también evitara este tipo de diseños. Busque una baraja que sea consistente simbológicamente y complemente su propia filosofía básica.

Una vez que haya estudiado cada ilustración, anote sus impresiones de la carta: detalles de los gráficos, lo que cada detalle representa para usted, lo que piensa acerca del significado de la carta como unidad. Los Arcanos Mayores son un libro de conocimiento disfrazado. Trate de decidir por sí mismo lo que cada ilustración quiere decir.

Puede parecer una pérdida de tiempo empezar el estudio sin ayuda, teniendo disponible una guía de aprendizaje, pero es muy importante que haga este primer estudio por su cuenta. Esta oportunidad la tendrá sólo una vez, pues luego que haya leído las impresiones de alguien más, éstas afectarán para siempre su forma de ver las cartas.

Después de haber observado cada carta y anotado sus ideas, lea las descripciones presentadas en este libro. Vea si identificó al menos algunos de los elementos importantes de cada carta, probablemente encontrará que lo hizo.

Tal vez encuentre también que sus primeras impresiones del significado de estos elementos discreparán con las explicaciones encontradas aquí o en algún otro texto. Esto no significa que su interpretación sea errónea. *La cantidad de interpretaciones de los Arcanos Mayores es proporcional al número de lectores.* Si su primera impresión de cada carta varía de la de otra persona, significa que la ilustración ha alcanzado algo en su inconsciente, en sus experiencias personales, que es único en usted. Lo que derive de su estudio inicial de estas cartas será un factor extremadamente significativo en su estudio posterior del Tarot.

No trate de entenderlo todo al comienzo. Simplemente registre sus ideas. Si termina un estudio intensivo del Tarot, podría sorprenderse de lo importante que fueron sus primeras impresiones intuitivas de las cartas al leerlas posteriormente.

Si no logra una impresión significativa en algunas de las cartas, es porque está trabajando con la baraja equivocada; encuentre una que sea apta para usted.

Usar la baraja para adivinación

La última sección de cada capítulo es llamada "En la lectura". Esta trata el significado de la carta aplicado a la simple adivinación. El énfasis aquí es la adivinación, no la meditación, por ello hay una ligera diferencia en el punto de vista de las interpretaciones de las cartas.

Esta sección contiene un número de frases y expresiones que describen los aspectos positivos y negativos de cada carta de acuerdo a la lectura. La carta no significa todas estas cosas a la vez. Cuando esté haciendo una lectura, escoja la descripción que tenga mayor sentido en el contexto de la pregunta que está respondiendo, y/o que se relacione mejor con las cartas acompañantes (vea el capítulo de adivinación para mayor explicación de este procedimiento). También hay, para cada carta, una descripción general del estado mental o emocional del consultante de acuerdo a la presencia de la carta en la lectura. Esto puede ser presentado como pregunta y/o afirmación. Al explicar la lectura, puede escoger una frase apropiada de la lista de características positivas o negativas, o usar esta descripción como su guía para el significado de la carta.

Observe que cuando aparece un triunfo en una lectura ordinaria, éste describe lo que siente el consultante, o su posible reacción, en la situación que está siendo cuestionada. En efecto, la carta de Triunfo formula: "este es el tipo de persona que usted es ahora", o "esta situación lo ha convertido en este tipo de persona". Naturalmente, la clase de individuo que ahora es va a afectar su trato a una situación dada. Por consiguiente, en una lectura, las cartas de Triunfos son consideradas de gran influencia sobre las demás cartas, y sobre la situación en general.

Una observación sobre el orden de las cartas

En una lectura, las cartas de Triunfos pueden aparecer una a la vez y en cualquier orden, y son consideradas sólo en términos de sus posiciones en el arreglo (o configuración), pero en meditación, las cartas de Arcanos Mayores no pueden operar independientemente. Cada carta guía a la siguiente, y sigue a la anterior. Lo cual significa que es necesario saber el orden correcto.

Desafortunadamente, los expertos no pueden ponerse de acuerdo ni siquiera en este aspecto. Por ejemplo, algunas barajas ubican la carta "El Loco" al comienzo, otras al final, e incluso algunas la localizan de penúltima (verá cuando entre a ese capítulo, que esto no sólo cambia la correspondencia numérica de la carta, sino también su posible significado).

Además, al menos dos escritores de Tarot (A. E. Waite y Paul Case) cambian el orden de otras dos cartas de los Arcanos Mayores: la Fuerza, y la Justicia. Ellos numeran estas cartas como ocho y once respectivamente, mientras que casi todas las otras barajas las muestran en el orden exactamente opuesto.

Mi consejo en este asunto es simple: no se complique con el orden. Si sólo está usando su baraja para adivinación, la colocación de los Arcanos Mayores no interesa. La disposición de las cartas será importante si pretende usar el Tarot como una guía espiritual, pero si efectivamente inicia un estudio intensivo, a medida que obtenga más información (leyendo éste y otros libros, y usando su baraja para meditación), finalmente obtendrá sus propias conclusiones con las cuales el orden tendrá el máximo sentido. Si en el estudio de los Arcanos Mayores parece que un paso debería ir antes que el anterior, puede renumerar su baraja de acuerdo a ese sistema. Pero no deje que los desacuerdos entre eruditos detengan su aprendizaje inicial.

En este libro he listado las cartas en el orden usado por la mayoría de barajas.

El Tarot como guía espiritual

Ya que las figuras de los Arcanos Mayores son alegóricas, usemos una alegoría para explicar cómo emplear lo que enseñan.

El Tarot es uno de los caminos hacia el autoentendimiento espiritual; no sólo le enseña cómo alcanzar este objetivo; también le advierte los giros equivocados que puede tomar a lo largo del camino.

Es fácil que entienda la naturaleza de su viaje si ve a los Arcanos Mayores como una escalera ascendente con veintidós escalones. Cada peldaño tiene una configuración ligeramente diferente. Algunos son más anchos, otros más angostos. Algunos son más difíciles, otros más fáciles. Además, cada escalón tiene obstáculos específicos que usted debe superar para poder seguir el camino.

El paso de etapas también varía en grado de dificultad. En algunos casos, puede enfrentar una tortuosa y abrupta cuesta; en otros, el paso puede ser tan simple como cruzar una puerta. Siempre hay una barrera que debe superar para seguir hacia arriba a la siguiente etapa.

Cada escalón tiene también un rellano donde el escalador puede detenerse a descansar, o salirse del camino ascendente para siempre. Además aquí no hay barreras. Lo que usted ve en estos rellanos es a veces aterrorizante, a veces hermoso, y en ocasiones las dos cosas a la vez, pero siempre es seductor. Cada rellano tiene sus propias tentaciones que atraen al viajero. Por mucho que lo afecte lo visto, siempre será más fácil permanecer en el rellano que cruzar el escalón donde se encuentra, o subir al siguiente.

Usted empieza en la base de esta escalera, siendo un buscador que trata de encontrar respuestas a las preguntas básicas del ser humano: ¿Por qué estoy aquí? ¿Cuál es el sentido de la vida? Los que han subido antes que usted dan una idea general de lo que encontrará en cada peldaño, cuáles pueden ser las tentaciones, y qué tan difícil es pasar de una etapa a otra. Pero nadie puede decirle exactamente lo que encontrará en cualquier fase, o cómo reaccionará: cada buscador es diferente.

Todo lo que en realidad sabe es que hay veintidós escalones, y que debe subirlos todos para alcanzar su objetivo. Si se detiene en algún punto antes de llegar a su meta, tal vez considere que lo que piensa es lo que realmente estaba buscando. Pero nunca encontrará las verdaderas respuestas a sus preguntas.

Todos los caminos hacia el autoentendimiento tienen sus peligros y sus propias posibilidades de fracaso. El camino del Tarot no es la excepción. Habrá momentos en que se desesperará, cuando sienta que nunca podrá entender o tener éxito, y estará tentado a abandonar el viaje.

Pero si persevera, tendrá una ventaja muy importante trabajando a su favor. Encontrará, en cada etapa, que ya posee las cualidades necesarias para lograr su objetivo. El Tarot no se las dará. No necesita hacerlo. Estas cualidades siempre han existido dentro de usted. Las enseñanzas del Tarot están destinadas sólo a ayudarle a exteriorizarlas, de tal forma que pueda usarlas para lograr su mejor destino.

Las siguientes son las barajas usadas en este libro para ilustrar el Tarot:

The Witches Tarot, de Ellen Cannon Reed, usa imágenes paganas y cabalísticas en una exploración del Arbol de la Vida. Se caracteriza por no tener bordes.

El Tarot de Robin Wood, de Robin Wood, combinan los diseños tradiciones de las cartas con imágenes y símbolos contemporáneos.

The Arthurian Legend Tarot, de Anna Marie Ferguson, está basado en el antiguo "Grial" y en las leyendas del Rey Arturo. Se distingue por su estilo céltico y su borde vistoso.

El individuo representado en el Mago es alguien que tiene la habilidad de controlar y manipular personas, cosas y eventos.

I THE MAGICIAN

1 El Mago 1

I THE MAGICIAN

MERLIN

1
El Mago

---◆:◆---

Le Bateleur (El Malabarista), usualmente llamado el Mago. Corresponde al número uno, también a la letra hebrea Aleph.

Representa
Inteligencia humana; sabiduría mundana. Control de (o la necesidad de controlar y manipular) las Fuerzas que operan en este Mundo.

Descripción
En la mayoría de barajas el Mago es un hombre. En todas, esta figura aparece en solitario. Hombre o mujer, el Mago tiene ojos sabios y rostro joven. No tiene una edad determinada.

El traje varía dependiendo de la baraja, desde la egipcia hasta la medieval. Sin embargo el Mago siempre usa un cinturón, y en algunos casos éste es una serpiente enrollada (posiblemente Ourobouros, la serpiente alquímica que se traga su propia cola, o tal vez la serpiente que Moisés y los Magos egipcios hacían aparecer a partir de sus varas).

El Mago aparece con una mano levantada, usualmente sosteniendo una vara, la otra mano apunta hacia abajo, y ésta puede o no estar sosteniendo otro objeto (observe que esta posición refleja la forma de la letra Aleph). El simbolismo aquí es "lo que está arriba, está abajo". Esta es la enseñanza de Hermes Trismegistus de que el mundo pequeño dentro de cada persona contiene todos los elementos del universo, y el estudio de un sólo individuo —usted mismo— puede guiar al entendimiento de toda la creación.

Hay varios objetos esparcidos frente al Mago, usualmente sobre una mesa baja (o posiblemente un altar). En algunas barajas son sólo elementos misceláneos. En otras barajas, hay cuatro formas distintas que representan los cuatro palos de los Arcanos Menores: una copa, una espada, un basto y un pentáculo. Note aquí que, si el mundo representado bajo el control del Mago es el del Tarot, tiene sentido que los objetos pertenezcan a los Arcanos Menores. Sin embargo, si aparecen otros objetos en su baraja, no es necesariamente incorrecto.

En cualquier caso, los objetos representan cosas que el adepto tiene bajo su control; y esa es precisamente la esencia de esta carta: controlar el ser y los elementos de su universo.

Significado

Ya sea que tome esta carta como el Mago o el Malabarista, la alegoría es la misma. Considere que todo en el universo está esparcido frente a Dios, como los objetos de la mesa del Mago, y estos elementos de creación son maniobrados por Dios de la misma manera que lo hace un malabarista con sus objetos.

Si considera esta carta como el Mago, entonces se encuentra en enseñanzas esotéricas, un verdadero Mago está en el centro del universo, y todas las cosas se irradian de él. La naturaleza de las cosas dentro de su mente se convierte en la naturaleza del universo real. De cualquier forma, el individuo representado en esta carta es alguien con la habilidad de controlar y manipular personas, cosas y eventos.

El Arcano Número Uno del Tarot es el primer paso en el camino hacia el entendimiento espiritual o autodesarrollo. También es el lugar donde muchas personas se detienen. Ya que el Mago, o Malabarista, tiene el control de su mundo, y domina también el de otros, es posible que considere que éste es el objetivo que busca.

Usted empieza su viaje con voluntad —la decisión de crecer, el deseo de éxito. En términos del Mago, la pregunta es: ¿controla el mundo mundano, o se basa en él para crecer espiritualmente? En términos del Malabarista la pregunta es: ¿cuántos objetos puede mantener en el aire a la vez, y por cuánto tiempo?

En la lectura

La carta al derecho (o positiva): Fuerza de voluntad, intuición, auto-control, confianza en sí mismo, autonomía, diplomacia. Las características positivas de la humanidad: habilidad, iniciativa, inteligencia, discernimiento y comprensión; libertad del control de los demás. Todo lo que guía al éxito y la habilidad de controlar el ambiente.

La carta al revés (o negativa): falta de escrúpulos, astucia, falsedad. Un mentiroso, un charlatán, un pícaro; alguien que desea explotar la debilidad y la confianza de otras personas. Todo lo que resulte de una falta de autoestima, y el dominio de fuerzas externas, que a veces llevan a la desgracia o el desequilibrio mental.

En efecto, el Mago es aquel quien tiene el potencial de ser como un dios. Si esta carta representa al consultante (usted mismo, o la persona a quien se le realiza la lectura), entonces éste tiene el poder (o el potencial para obtenerlo) de controlar el Mundo inmediato. ¿Está desarrollando este potencial o desechándolo en demostraciones de poder mundano? El resto de las cartas de la lectura le responderán.

La sacerdotisa representa la habilidad para comprender e interpretar la palabra de Dios —el entendimiento de la ley divina, que es el máximo y mejor uso de nuestras habilidades intelectuales—.

2
La Sacerdotisa

Junon/La Papese (La Sacerdotisa, o Papisa). Corresponde al número dos; también a la letra hebrea Beth.

Representa
Sabiduría divina, iluminación. Entender (o la necesidad de entender) la razón del funcionamiento de las cosas.

Descripción
Una figura femenina, sentada o parada. Si está de pie, sostiene una vara y señala algo a la distancia. Si está sentada, en la mayoría de barajas aparece sosteniendo un libro abierto, representando la ley divina que gobierna y ordena el universo. De nuevo, el traje puede variar, y usa una luna creciente en la corona (o alguna variación de ella).

En la mayoría de barajas, la Sacerdotisa está parada o sentada entre dos pilares (o columnas). Usualmente un pilar es blanco y el otro es negro. Esta configuración se repite en otras cartas de los Arcanos Mayores. Puede considerar los pilares como una representación del bien y el mal, la luz y la oscuridad, la verdad y la mentira. Sin embargo, la mejor forma de iniciar es mirarlos como los portales de una entrada, y la figura entre ellos como el guardián. Para cruzar la puerta no tiene que derrotar o apaciguar el guardián. Debe convertirse en lo que el guardián.

La Sacerdotisa representa sabiduría divina. Es a la vez diosa, madre, protectora y maestra. A diferencia del Mago, que usa sus habilidades para manipular el universo, la Sacerdotisa vive para proteger y enseñar en lugar de dominar. Ella es la que entiende cómo funciona el universo, y es ese entendimiento, y no el simple control de estas fuerzas, es su objetivo y la esencia de su ser.

Esta carta simboliza básicamente la sabiduría —el entendimiento de las leyes que afectan el funcionamiento del universo.

Significado

Si usted opta por el camino derecho del crecimiento espiritual, entonces la Sacerdotisa es su siguiente escalón. Ella comprende cómo funciona el universo —el por qué de las cosas— y usa su sabiduría para alimentar, enseñar y proteger, no para ejercer control.

Esta carta representa la habilidad de entender e interpretar la palabra de Dios la comprensión de la ley divina, que es el máximo y mejor uso de nuestra habilidad intelectual.

Como una representación de la ley divina, la Sacerdotisa es la ley encarnada, a la parte de ésta que puede ser comprendida por los seres mortales. Ella es la fuerza creativa femenina, el aspecto femenino de Dios. Enseña que el conocimiento y entendimiento que buscamos está dentro de nosotros, en nuestra mente subconsciente. Para desarrollarlo, debe ignorar su mente consciente, o evitar ser engañado por su naturaleza sensual y mundana.

No obstante, observe que mientras los objetivos de la Sacerdotisa pueden ser considerados más honestos (y ciertamente menos egoístas) que los del Mago, aún no están situados en el lugar donde el buscador debe detenerse. La Sacerdotisa también usa su energía para enseñar y alimentar a los demás, pero eso le limita la habilidad para crecer espiritualmente.

En la lectura

Al derecho (o positiva): sabiduría, serenidad, conocimiento y entendimiento; juicio, aprendizaje, misterio, ciencia, arte. La habilidad de aprender y enseñar. También representa posibles secretos que serán revelados en el momento preciso.

Al revés (o negativa): conocimiento superficial, incluso ignorancia; inhabilidad para juzgar claramente asuntos y eventos; pensamiento confuso, prejuicio y parcialidad. También, una renuencia o temor a tomar decisiones.

La Sacerdotisa es la única que conoce el camino, y desea guiarlo si usted tiene la voluntad necesaria. Si esta carta simboliza al consultante, entonces usted es capaz de llevar a los demás por el camino correcto. Pero sea cuidadoso, no se preocupe por el bienestar de otros, negandose así sus propias oportunidades.

La Emperatriz es la matriarca encarnada, que representa seguridad, confort (físico y emocional) y entendimiento.

III THE EMPRESS

La Emperatriz

3 3

3 THE EMPRESS

GUENEVERE

3
La Emperatriz

◆◆◆

L'Imperatrice (La Emperatriz). Corresponde al número tres, también a la letra hebrea Gimel.

Representa
La madre, procreación, y armonía familiar —no sólo en el hogar, sino en la sociedad entera—.

Descripción
Una figura femenina y madura sentada sobre un trono, vestida con finas togas. Sostiene un cetro, y usa una corona imperial. En algunas barajas aparece un escudo a sus pies, apoyado sobre la base de su trono. En otras su trono es un jardín. En la mayoría se encuentra al aire libre. La Emperatriz es una figura materna, con todo lo que ello implica: es una fuerza creativa, y la única que asegura que los diferentes elementos que trae a este mundo funcionan juntos, no en oposición. La esencia de esta carta es la cooperación armoniosa de fuerzas en contrariedad, para que trabajen unidas por un objetivo común —armonía familiar y realización personal—. La Emperatriz es la matriarca encarnada, representa seguridad, confort (físico y emocional) y entendimiento.

Significado

Representa el gobierno femenino de la casa —la madre—. Ella sabe cómo deben funcionar las cosas en el mundo para que sus súbditos (a quienes trata como sus hijos) estén seguros y felices. Ella tiene el poder de hacer que ciertas cosas trabajen en armonía.

También es el símbolo del instinto femenino —destellos intuitivos que le permiten a usted tomar la decisión correcta cuando no hay tiempo para pensamientos conscientes—. Es protección y fertilidad; enseña el amor entre las personas (la unión de las almas, no sólo la atracción sexual). Como la madre, es la puerta o entrada a través de la cual ingresamos a este mundo. Como gobernante, asegura la armonía y la habilidad de las personas para trabajar unidas. La Emperatriz es la fuerza regidora que crea un ambiente en el que cada individuo es libre para desarrollar su potencial individual.

En la lectura

Al derecho: acción fructífera, belleza, desarrollo y progreso personal. Armonía familiar, matrimonio y maternidad, larga vida, entendimiento derivado de la experiencia personal, comodidad física y emocional. Ella provee no sólo las necesidades básicas de la vida, también suministra lujos.

Al revés: lo desconocido, dudas y dificultades, indecisión, egoísmo. Pérdida de poder, falta de habilidad para resolver problemas o hacer planes útiles, vacilación, ignorancia.

La Emperatriz es la única que sabe cómo hacer que este Mundo funcione mejor, si estamos dispuestos a escucharla y cooperar (con los demás). Si esta carta representa al consultante, entonces usted puede hacer que las cosas funcionen bien para los demás —si puede hacer que lo escuchen y entiendan—.

*El Emperador
representa un tipo
diferente de
sabiduría mundana:
el entendimiento de que no
es suficiente desear paz y
seguridad, a veces es
necesario tener
la voluntad —y
la capacidad— de
defender estas ideas.*

4
El Emperador

L'Empereur (El Emperador). Corresponde al número cuatro, también a la letra hebrea Daleth.

Representa
El Padre, poder mundano, y protección de quienes están bajo su responsabilidad.

Descripción
La figura de un hombre maduro (usualmente con barba espesa), sentado sobre un trono o apoyado en él. Usa sus togas sobre un traje de armadura; lleva un cetro y usa una corona imperial. En algunas barajas, un escudo yace al lado del trono o en sus pies. El trono se encuentra al aire libre, a veces aparecen montañas a la distancia. La esencia de esta carta es protección —la voluntad de luchar por la armonía familiar que enseña la Emperatriz—. El Emperador es quien protege y guía a todos los que están a su cuidado.

Significado
El Emperador es también un maestro sabio. En este caso, lo que enseña es el significado y uso del poder mundano. Hay fuerzas que no pueden ser superadas con gran voluntad o entrenamiento apropiado. A veces es necesario que nos armemos con una espada. El Emperador le enseña que usted no puede comprometerse sólo con su consciencia.

Lo que vale la pena tener, vale la pena defenderlo si es necesario. Como el protector del hogar, el Emperador es el gobernante y patriarca, el defensor de su mundo. Representa un tipo diferente de sabiduría mundana: el entendimiento de que no es suficiente desear paz y seguridad, a veces es necesario tener la voluntad —y la capacidad— de defender estas ideas.

En la lectura

Al derecho: autoridad, realización, poder mundano, estabilidad, sabiduría, ambición, acción racional. Liderazgo, y habilidad para gobernar fácilmente. Compasión, protección, ayuda. Objetivos alcanzados.

Al revés: inmadurez y confusión. Pérdida de poder. Problemas con enemigos. Inhabilidad para alcanzar objetivos; disipación de energía.

Ya que el Emperador enseña que las personas deben trabajar unidas, protege esta unión de los peligros externos. Si la carta representa al consultante, entonces usted es capaz de defender hasta la muerte las personas y las cosas que protege. Asegúrese que vale la pena morir por lo que se está defendiendo.

El Sacerdote en el Tarot representa específicamente una autoridad religiosa —la búsqueda de la verdad, el intérprete de los misterios secretos, el que señala el camino de la salvación (o cualquiera que sea el objetivo espiritual)—.

5
El Sacerdote

El Hierofante (El Sacerdote). En algunas barajas es Júpiter (o Zeus); en otras es el Papa. Corresponde al número cinco, también a la letra hebrea He.

Representa
Voluntad divina; interpretación de la ley de Dios en términos de códigos y comportamientos personales y sociales.

Descripción
Un hombre sentado sobre un trono. Está vestido con trajes sacerdotales, coronado, y sostiene un cetro, usualmente en su mano izquierda. El equipo del Sacerdote depende del tipo de baraja usada. El cetro lleva el símbolo representativo de la religión que practica el diseñador de la baraja. La corona y las togas también identifican la vestimenta sacerdotal de una fe en particular. La mano libre del Sacerdote está levantada bendiciendo. Frente a él, o sentado a sus pies, se encuentran dos (o tres) sacerdotes menores, dándole homenaje o en cierta forma haciéndole peticiones. En algunas barajas, esta figura, al igual que la Sacerdotisa (Arcano 2), aparece sentada entre dos columnas.

La esencia de esta carta es la autoridad religiosa. Este es un personaje que tiene el poder —dado por sus creyentes o seguidores— de decidir lo que usted debe hacer para "salvarse".

Significado

Cualquiera que sea su divinidad suprema, es evidente que no desciende de los cielos en intervalos regulares para hablar directamente con el hombre. Por eso la mayoría, o tal vez todas las religiones, tienen individuos cuya tarea es interpretar la voluntad divina para sus seguidores. Entre más organizada o estructurada es la religión, mayor es la autoridad de su Sacerdote.

Aquí es bueno recordar que no sólo en la religión organizada, algunos representantes humanos poseen este tipo de autoridad. El Sacerdote en el Tarot representa específicamente una autoridad religiosa, la búsqueda de la verdad, el intérprete de los misterios secretos, el que señala el camino de la salvación (o cualquiera que sea el objetivo final).

Esta figura también simboliza cualquier institución educacional o filosofía organizada, sea religiosa o temporal, que ejerce ese tipo de control mental sobre sus seguidores. En todas esas filosofías institucionalizadas, hay uno o más individuos que afirman ser los únicos que conocen la verdad, que a su vez debe ser obedecida para evitar maldiciones.

En este arcano, usted es desafiado a decidir. En esta etapa de su desarrollo espiritual, se le da la oportunidad de descubrir el último misterio —descubrir la voluntad de Dios aplicada a usted. El Sacerdote también es guardián de una puerta: para atravesarla debe convertirse en él. ¿Decide por sí mismo cuál es el camino de su salvación, o deja que otra autoridad —incluso la del Tarot— piense por usted? Lo que decida ahora afectará el resto de su desarrollo espiritual.

Observe que esta no siempre es una carta favorable. Diferente a la Sacerdotisa, que usa su sabiduría y entendimiento para que los demás encuentren su verdadero camino, el Sacerdote emplea su poder para aumentar la autoridad sobre los demás.

En la lectura

Al derecho: misericordia, bondad, alianza (incluyendo posible matrimonio). Creatividad. La búsqueda de la verdad. Entendimiento e inspiración. Necesidades e inclinaciones religiosas. Valor moral; su habilidad de seguir un camino que cree correcto, sin importar la oposición.

Al revés: extremo conservatismo, demasiada bondad o demasiada conformidad. Servidumbre, cautiverio, debilidad. La necesidad de ser aceptado socialmente. Pérdida de autoridad personal (o, aceptación de la autoridad sólo cuando hay alquien para culpar si algo sale mal). Esta carta representa a alguien que tiene el verdadero poder para ayudarlo o derrotarlo. Si la carta representa al consultante, entonces usted es alguien que insiste en decidir asuntos vitales para los demás, usualmente de una forma que mejora su habilidad para continuar haciéndolo. Corre el riesgo de entregar la verdadera autoridad y el crecimiento personal a una creencia en su propia infalibilidad.

La alegoría de los
Enamorados es la unión de
opuestos, representados
aquí por el hombre y la
mujer, y el vínculo místico
entre los que tienen
espíritus semejantes.

6
Los Enamorados

L'Amoureux (Los Enamorados). Corresponde al número seis, también a la letra hebrea Vav.

Representa
Unión de opuestos; compromiso.

Descripción
Figuras sobrenaturales (descritas más adelante); algunas barajas muestran sólo dos Enamorados jóvenes, vestidos o desnudos. Otras muestran una tercera persona observando, o en cierta forma influenciando el resultado de la unión de esta pareja. En varias barajas de estilo medieval la tercera figura es un hombre mayor. El puede ser un observador o una imagen paterna. En las barajas de estilo egipcio, el trío muestra a un hombre joven y dos mujeres jóvenes, de las cuales él debe escoger una.

En los naipes que muestran tres figuras humanas, hay una imagen con alas, estilo cupido, que está por encima y apunta con una flecha a la mujer (o una de las dos mujeres). En barajas que muestran sólo dos jóvenes amantes, la influencia sobrenatural que está sobre ellos es un ángel con alas con las manos extendidas bendiciendo. Las elecciones para ellos se muestran con otras imágenes (por ejemplo, la baraja de

Waite muestra a Adán y Eva parados frente al árbol del conocimiento y el Arbol de la Vida).

La necesidad de elegir es parte de la alegoría detrás de esta carta, como lo es la unión de los Enamorados.

Significado

La alegoría de los Enamorados es una unión de opuestos, representados aquí por el hombre y la mujer, y el vínculo místico entre los que tienen espíritus semejantes. La carta puede referirse al amor romántico, una amistad ideal, o cualquier lazo importante entre dos personas, especialmente cuando ha habido algún tipo de barrera u oposición que las dos almas involucradas deben superar para unirse.

Pero hay otros tipos de "matrimonios", y otras clases de opuestos, que necesitan ser conciliados. Como una alegoría de su desarrollo personal y espiritual, los Enamorados representan la unión de opuestos dentro de usted mismo. Todos tenemos características que percibimos como positivas o negativas, y rasgos que aparentemente están en conflicto. De todos estos aspectos de nuestro ser, algunos los aceptamos, pero hay otros que preferiríamos eliminar. De hecho, hay unos que, aunque los tenemos, no queremos admitirlo.

Este arcano le pide que explore y reconcilie estos opuestos dentro de usted mismo, en lugar de intentar eliminarlos o cambiarlos. Entendiendo y utilizando los dos lados de su naturaleza, usted logrará una coherencia total, no estará más en conflicto consigo mismo.

No sólo es necesario que acepte la presencia de rasgos diferentes. Debe entender que aquellas personas que no aprueba son básicas para su continuo crecimiento y bienestar. Los contrarios no significan que uno sea bueno y el otro malo. Los rasgos opuestos dentro de usted — o en el interior de otra persona con la que trata de crear un vínculo— son "espejos" que se complementan y pueden apoyarse mutuamente. Lo que debe realizarse es la unión de estos contrarios: hacer que trabajen juntos para eliminar sus conflictos y crear una totalidad mayor que la suma de sus partes.

La recompensa por armonizar estos elementos dentro de su ser es un aumento de su voluntad y su fortaleza. No desperdiciará más tiempo y energía en una lucha inútil por eliminar características suyas —o de otros— que tanto lo inquietan. En lugar de eso, las integrará dentro de usted y luego las usará para controlar situaciones y eventos.

En la lectura

Al derecho: atracción, amor, problemas superados por la armonía, unión, cooperación. Decisiones sabias: la elección correcta (tal vez entre dos objetivos igualmente buenos); una posible lucha, pero con final feliz.

Al revés: fracaso, conflicto, división, mal planeamiento, frustración. Objetivos no realistas. Malas elecciones. Tristeza.

Al igual que la carta del Sacerdote, que sugiere que su mejor camino es el desarrollo de objetivos propios en lugar de aceptar requerimientos de otros, el arcano de los Enamorados le recuerda que esos otros —personas o fuerzas— tienen características o elementos que necesita para sobrevivir y crecer. Si esta carta representa al consultante, entonces usted está a punto de enfrentarse a una importante decisión que influenciará el curso de su vida a partir de ahora. Debe decidir sabiamente lo que va a hacer. Y sin importar la elección, tiene que enfocar sus energías en ella si espera tener éxito.

*El Carro representa
dominio de los opuestos
reales, control y uso de
las cosas que por su
naturaleza están
en conflicto.*

7
El Carro

Le Chariot (El Carro). Corresponde al número siete, también a la letra hebrea Zayin.

Representa
Victoria. Dominio de fuerzas contrarias mediante decisión y fuerza de voluntad.

Descripción
Un hombre de la realeza conduciendo un carro. En la mayoría de barajas aparece con corona, y usualmente usa armadura completa. El carro tiene un toldo construido de tal forma que la figura real se encuentra entre dos pilares.

El Carro es tirado por dos bestias, que pueden ser reales o míticas —caballos, esfinges, a veces unicornios o criaturas con alas semejantes a caballos—. En algunas barajas los dos animales tienen colores opuestos (por ejemplo, blanco y negro). En la mayoría (o tal vez en todas), aparecen moviéndose en direcciones contrarias (uno a la derecha y el otro a la izquierda), aunque los dos tiran del mismo carro. Esto simboliza aspectos de su propio ser que pueden funcionar opuestamente, pero conducen hacia la misma meta, como su naturaleza física y su ente espiritual. También representan las fuerzas opuestas que usted reconcilió y dominó en la etapa anterior de su viaje (Arcano 6), que ahora están siendo usadas para llevarlo a la victoria.

El significado de esta carta es más importante que el de los Enamorados. Mientras el Arcano 6 representa la unión de dos aparentes opuestos, el Carro simboliza dominio de fuerzas contrarias reales, además de control y uso de las cosas que por naturaleza están en conflicto.

Significado

Habiendo reconciliado los opuestos dentro de usted hasta el punto de poder usarlos cuando los necesite requiere ahora superar sus enemigos reales.

Al igual que un carro de batalla atropella fuerzas enemigas, el Carro en el Tarot simboliza la victoria sobre todos sus oponentes. Estos no son elementos (como en el Arcano 6) que pueden ser reconciliados para que trabajen unidos. Son fuerzas que por naturaleza son opuestas: bien y mal, positivo y negativo, etc. A menudo estas fuerzas contrarias representan personas o eventos en su vida que están en función de evitar que usted alcance sus objetivos.

Ya que ha podido adquirir fortaleza de los opuestos haciéndolos trabajar juntos, puede ahora reconocer sus verdaderos enemigos, y usar sus propias debilidades —y su fuerza— contra ellos. Esta es la victoria que simboliza el Carro. Todos sus enemigos han sido vencidos, todas sus metas han sido cumplidas, nada puede obstaculizar su camino al éxito.

El nivel de este arcano es otro punto en el que el buscador está tentado a detenerse. Después de todo, no sólo ha logrado la paz consigo mismo, también ha vencido todo en el camino para alcanzar un gran objetivo. En realidad, lo que ha logrado es tan importante que puede parecer la meta que estaba buscando. Puede ser muy difícil que se convenza de que aún hay más cosas por realizar.

En la lectura

Al derecho: conquista. Triunfo sobre enemigos u obstáculos. A veces puede significar venganza. Superar grandes debilidades o desventajas; también dominio de fuerzas opuestas. Además puede denotar que usted recibirá ayuda o consejos en un momento de gran necesidad.

Al revés: conflicto, guerra, problemas. Derrota o falta de armonía. Disputas, peleas. Estar dominado por enemigos u obstáculos.

El Carro le ofrece los medios para tomar lo que ha aprendido y utilizarlo para controlar cualquier persona o cosa que trate de evitar su éxito. Si esta carta representa al consultante, entonces, sin importar si es consciente de ello o no, usted está ahora en posición para derrotar sus enemigos y forzarlos a aceptar sus términos. Obsérvese interiormente; ahí está la fuerza.

Esta es la Justicia divina, opuesta a la justicia humana: absolutamente imparcial y estrictamente justa.

X JUSTICE

La Justicia

11 JUSTICE

LADY OF THE LAKE

8
La Justicia

La Justice (La Justicia). Corresponde al número ocho, también a la letra hebrea Cheth. [Nota: Waite y Gray y otros muestran esta carta como la número once, y la Fuerza como la número ocho. Sin embargo, en muchas barajas esta carta aparece con el número ocho. En *The Witches Tarot*, la Fuerza es ocho, la Justicia, diez, y la Rueda de la Fortuna es once.]

Representa
Justicia imparcial. Honestidad estricta.

Descripción
Una figura femenina, parada o sentada. En la mayoría de naipes, también aparece entre dos pilares. Está coronada, suele usar armaduras o togas. En una mano tiene una espada apuntando hacia arriba, en la otra sostiene una balanza en perfecto equilibrio.

La Justicia en el Tarot, a diferencia de la Justicia de la dama en imágenes modernas, no está con los ojos vendados. Sus ojos son grandes y están abiertos, y mira directo al receptor. La Justicia divina no está cegado o influída por las limitaciones humanas.

Significado
Esta es la Justicia divina, opuesta a la justicia humana —absolutamente imparcial y estrictamente justa. Está en contradicción directa con la

justicia de los hombres, que recibe la influencia de preferencias personales, o por las simples limitaciones de la habilidad humana para juzgar el bien y el mal. Lo que debe ser, será, y nadie puede cambiarlo.

Su balanza está en completo equilibrio, y ella ve claramente lo que debe hacerse. La espada en una mano y la balanza en la otra, simboliza la naturaleza dual de la Justicia: precisión y severidad.

En esta etapa de su desarrollo espiritual, este es el tipo de visión que necesita tener como iniciado. Para atravesar estos portales debe aprender a mirar el mundo exterior y observarse interiormente sin prejuicio, con los ojos abiertos, viendo exclusivamente lo que está ahí, y no lo que desea ver, para juzgarlo únicamente por lo que es en realidad.

En la lectura

Al derecho: equidad, victoria del bien en general; también triunfo por el lado meritorio en asuntos legales. Habilidad para juzgar sin la influencia de consideraciones personales o prejuicios. Honestidad, raciocinio, balance apropiado, imparcialidad. Esta carta también indica asuntos legales.

Al revés: desigualdad, fanatismo, prejuicio. Abuso de la Justicia, complicaciones en pleitos legales. Castigo injusto; excesiva severidad.

Esta es la Justicia ideal —hacer lo que es correcto a pesar de la oposición, las preferencias personales y las extravagancias de la ley humana—. Si este arcano representa una situación, conseguirá lo que merece. El resultado será estrictamente justo de acuerdo a las circunstancias. Si la carta simboliza al consultante, su percepción de la situación en que se encuentra, o de las personas que trata, es absolutamente precisa. Ha tomado, o tiene la capacidad de tomar la decisión correcta aquí. No deje que otra persona lo convenza.

Esta ilustración representa una búsqueda, hecha en solitario, que requiere luz para alcanzar su objetivo (el farol simboliza entendimiento o conocimiento).

9
El Ermitaño

L'Ermite (El Ermitaño). Corresponde al número nueve, también a la letra hebrea Teth.

Representa
Autoexamen. Búsqueda.

Descripción
Un hombre viejo, usualmente barbado y vestido con togas. Sin embargo, las togas aquí son simples y sin adornos, aunque también pueden indicar afiliación religiosa de la baraja: prendas egipcias o del antiguo testamento, togas de los monjes medievales, etc. La toga tiene a menudo capucha, y puede estar atada en la cintura con una cuerda anudada.

El Ermitaño aparece siempre parado. En muchas barajas también es mostrado caminando. Cualquier fondo muestra un desierto u otros espacios abiertos, aunque pueden divisarse montañas a lo lejos. Este personaje lleva un farol en una mano, lo sostiene para iluminar el camino. En algunas barajas puede también aparecer apoyándose con un bastón.

Esta ilustración representa una búsqueda, hecha en solitario, que requiere luz para alcanzar su objetivo (el farol simboliza entendimiento o conocimiento). El Ermitaño no lleva nada consigo, no requiere posición ni adornos de realeza. Sólo tiene la necesidad de terminar su búsqueda —y los medios dentro de sí mismo para lograr dicho objetivo—.

Significado

Casi todas las religiones tienen sus propias leyendas acerca de un gran maestro o profeta que explora el mundo buscando la verdad — o a Dios—.

El Ermitaño enseña que hay un punto en nuestro autodesarrollo espiritual donde debemos liberarnos de las tentaciones y exigencias de la civilización, y retirarnos al desierto para buscar nuestra alma, el significado de nuestra existencia —y encontrar a Dios—. La divinidad no le puede hablar claramente a usted cuando está distraído por los requerimientos de la vida diaria. El farol simboliza su propio entendimiento, que debe usar para iluminar el camino de su búsqueda. El bastón puede en cierto modo representar a Dios, una fuerza en la que se puede apoyar para mantenerse estable a lo largo de su viaje, y protegerse de los enemigos que puede encontrarse en el camino. Dejando atrás lo superfluo de la civilización, y buscando sólo la verdad, el Ermitaño alegoriza la experiencia de la autoiniciación.

En la lectura

Al derecho: autoexámen, moderación, sabiduría, silencio. Verdad oculta. Prudencia, retirada, precaución, soledad. Aprender a través de la experiencia; un buscador. También puede predecir un viaje futuro (un viaje a su interior, a su conciencia).

Al revés: decepción, mentiras, información errónea, corrupción. Ideales equivocados. Disfraz, e incluso fraude.

Así como el Arcano 8 representa la Justicia en su forma pura, el Arcano 9 es una búsqueda por la verdad también en su forma pura, sin la interferencia de ideologías, preferencias, o necesidades. Si esta carta representa al consultante, entonces usted está atravesando, o está a punto de iniciar, un período de autoexámen. Este será un tiempo en el que reevaluará su vida, sus asociaciones y sus objetivos. Los posibles cambios en su vida (o las conclusiones a las que pueda llegar) serán sugeridos por las otras cartas en la lectura.

La Rueda de la Fortuna le enseña que hay cosas en la vida que simplemente suceden, y ni usted, ni el mismo destino ciego, tienen control real sobre ellas.

10
La Rueda de
la Fortuna

La Roue de Fortune (La Rueda de la Fortuna). Corresponde al número diez, también a la letra hebrea Yod.

Representa
Posibilidad. Destino ciego. Una situación fuera de su control.

Descripción
La mayoría de barajas muestran una rueda cuyo eje es soportado por dos verticales. En algunas barajas, está en el borde de un acantilado. Generalmente hay tres figuras sobre la rueda, o sujetas a ella, una en la parte superior, una ascendiendo, y otra descendiendo. En algunos naipes, la figura que desciende cae de la rueda, usualmente sobre un acantilado. Las imágenes sobre la rueda pueden ser de humanos o animales. Si son de animales, tienen algún tipo de forma simbólica, por ejemplo una esfinge, o son seres semejantes a monos. La figura en la parte superior es en cierta forma representada como importante — coronada, sosteniendo una espada, o evidentemente celebrando—.

En algunas barajas la rueda aparece sola, aunque obviamente está girando. En otras, una mujer joven vendada se encarga de girarla. Observe que ninguna de las figuras sobre la rueda se percata de ella, incluyendo la que cae. En realidad, nadie, ni siquiera la mujer vendada, observa o controla realmente el resultado de los giros de la rueda.

En algunas barajas, la rueda es simplemente un disco suspendido en el aire, con letras o símbolos escritos alrededor de él. En este tipo de naipes, adicionalmente a las tres figuras sujetas a la rueda, hay otras cuatro figuras simbólicas en cada una de las esquinas de la carta. En la parte superior un humano y una ave o un grifo, y abajo un león y un toro. Todas las cuatro imágenes aparecen con alas.

Significado

Todos estamos prendidos de la Rueda de la Fortuna. Algunos luchan por su camino ascendente, otros fracasan. Otros incluso se sientan y no parecen ser afectados por los caprichos de la suerte. Pero la rueda gira para todos, estemos o no conscientes de ello. El resultado es puro azar, y no tiene nada que ver con el valor individual o su carencia. El mensaje aquí es opuesto al de la Justicia (Arcano 8). En ambas cartas, cada individuo es tratado con estricta imparcialidad. Sin embargo, en la Justicia el resultado es justo: usted obtiene lo que merece. En la rueda, obtiene lo que venga, sin importar lo que merezca. Peor aún, las fuerzas que controlan su vida no lo toman en cuenta, ni siquiera lo observan. En efecto, usted se convierte como uno de los objetos del malabarista, es lanzado aleatoriamente. En realidad, es incluso menos que eso, porque al menos el malabarista mira lo que está lanzando, aunque se interese sólo por sí mismo.

El Arcano 10 le enseña que hay cosas en la vida que simplemente suceden, y ni usted, ni el mismo destino ciego, tienen control real sobre ellas. Debe darse cuenta que la rueda está constantemente girando, y que su vida es afectada por ella. Si desea tener éxito, es necesario que luche para controlar lo incontrolable, para forzar al destino a que conceda lo que usted escoge, merézcalo o no.

El secreto de la buena fortuna es aprender a usar los poderes psíquicos para controlar el destino. A la suerte ciega no le interesa quien gana o quien pierde, simplemente gira la rueda aleatoriamente. Si quiere llegar a la cima, debe aprender a cuidarse lo suficiente de lo que sucede, y tomar así el control de la Rueda de la Fortuna.

En la lectura

Al derecho: buena suerte, destino, fortuna, éxito. Un giro inesperado de acontecimientos. Ascenso o elevación. Victoria; obstáculos vencidos por la buena suerte.

Al revés: fracaso. Mala suerte. Problemas. Daño inesperado.
Su futuro está siendo decidido ahora. Tome el control de su propia
vida, o siga el camino a donde la fortuna ciega eligió enviarlo. Si la
carta representa al consultante, entonces lo que está sucediendo,
bueno o malo, no tiene nada que ver con lo que en realidad merece.
Simplemente está sucediendo. Si dicho suceso le gusta, deje que ocurra. Si no es así, entonces luche contra él, pero tenga en cuenta que no
está siendo castigado o premiado en tal situación. En realidad, no es
tenido en cuenta en lo absoluto.

La Fuerza simboliza
la fortaleza interior
requerida para
superar obstáculos.

VIII STRENGTH

La Fuerza

8   8

8 STRENGTH

PERCIVALE'S VISION

11
La Fuerza

La Force (La Fuerza). Corresponde al número once, también a la letra hebrea Kaph. [Nota: Waite y Gray muestran esta carta como el número ocho, y la Justicia como el número once. La mayoría de barajas antiguas numeran este arcano como once.]

Representa
Superar obstáculos. Fortaleza espiritual y fuerza de voluntad. Victoria sobre grandes desventajas.

Descripción
Muchas barajas muestran una mujer joven luchando contra un león, enfrentándose sin armas y ganando. En algunos naipes aparece cerrando la boca del animal, en otros es mostrada abriéndole las mandíbulas.

De cualquier manera, ella está forzando al león a actuar de acuerdo a sus deseos. En otras barajas el símbolo de infinito (∞) es mostrado sobre la cabeza de la mujer.

Algunas barajas muestran un hombre joven y fuerte luchando desnudo contra un león. El puede representar figuras tales como Heracles o Sansón. En este último caso, la porra del hombre yace sobre la tierra o sus pies, para que su lucha sea con las manos vacías. Puede o no estar controlando la boca del león de alguna forma.

Cuando la carta muestra un hombre luchando con el león, hay claramente una batalla cuyo fin ha de ser victoria o muerte. Cuando la carta muestra una mujer, a menudo parece no estar luchando contra el león, sino domesticándolo solamente con su Fuerza de voluntad. En cualquier caso, la ilustración es un individuo venciendo a un oponente mucho más poderoso, usando sólo su fortaleza y determinación.

Significado

Esta carta simboliza la fortaleza interior requerida para superar obstáculos localizados en el camino. La fuerza bruta no es vencida con fuerza bruta; es la fortaleza espiritual la que vence el poder físico. En casi todas las leyendas de humanos derrotando alguna bestia poderosa, la victoria es producto de la fortaleza interior del individuo y su confianza en Dios.

La bestia en este caso puede representar obstáculos externos en su progreso espiritual. También simboliza la bestia interior, sus propios temores y pasiones, y otras características dentro de su ser que pueden parecen más fuertes que usted, pero que a su vez podrían ser dominadas si persiste en la creencia de que usted es el más fuerte. El león simboliza un oponente invencible que puede ser derrotado si usted tiene fe en sí mismo y voluntad para triunfar.

Esta carta es también la alegoría de una batalla entre lo físico y lo espiritual. Usted se encuentra en el camino del entendimiento, para alcanzar sus objetivos debe vencer o dominar sus pasiones bajas y forzarlas a rendirse ante su yo superior.

En la lectura

Al derecho: Fuerza de voluntad, fortaleza moral. Vitalidad personal, valor, triunfo. Determinación, desafío, energía. Habilidad para soportar las penas. Exito.

Al revés: abuso de poder, despotismo. Fracaso, desgracia. Debilidad (física o espiritual), discordia, falta de armonía.

Usted está enfrentando una prueba de resistencia. Si su voluntad es más fuerte que su oponente, sobrevivirá y tendrá éxito. Si no es así, sus sueños terminan aquí. La fortaleza es la clave de su victoria, no se desespere. Si esta carta representa al consultante, entonces está encarando una prueba de su propia determinación y voluntad. La batalla no será fácil, pero puede ganar si enfoca su mente firmemente en su objetivo. Perderá si decide rendirse.

El Colgado nos dice
que es necesario
el sacrificio personal
para alcanzar
los objetivos.

12

El Colgado

Le Pendu (El Colgado). Corresponde al número doce, también a la letra hebrea Lamed.

Representa
Autosacrificio con el objeto de conseguir sabiduría, conocimiento especial o crecimiento personal.

Descripción
Un hombre colgado al revés en una especie de horca. A veces aparecen dos verticales al lado de la figura, soportando el travesaño del cual ésta cuelga, una repetición del tema de los dos pilares. Observe que si los dos verticales son mostrados, son árboles con raíces en tierra viva. Si sólo aparece el horizontal, tiene hojas en diversos puntos. En cualquier caso, la "horca" de la cual el hombre se suspende es madera viva.

El Colgado está sostenido por un cuero o una cinta alrededor de un pie. Su otro pie pende libremente y está doblado detrás de la pierna con que está suspendido. En la mayoría de barajas sus manos están atadas o abrazadas detrás de la espalda.

El punto importante aquí es que esta figura no parece sentir dolor. Algunas cartas muestran en su cara una expresión pacífica, otras contemplativa o incluso exaltada, pero es evidente que este castigo es su propia elección, y que con él está logrando un objetivo.

Significado

Como con el Ermitaño (Arcano 9), muchas religiones y mitos describen una figura divina o semidivina que escogió aguantar cierta clase de sacrificio personal para alcanzar la sabiduría divina o incluso la divinidad. Por ejemplo, en la mitología nórdica, Odín, regidor de los dioses, estuvo colgado del árbol sagrado, Yggdrasil, durante nueve días y nueve noches con el fin de obtener la sabiduría de las runas. En el caso del Ermitaño, la búsqueda en solitario es el medio para entender el propósito. En el Colgado, el mensaje es que el sacrificio personal es necesario para lograr el objetivo.

El Colgado no está siendo sacrificado por o para otros. La elección es suya, al igual que las recompensas. Aquí se encuentra el mensaje. Hay objetivos por los cuales usted debe hacer algún tipo de sacrificio personal, esto es, soportar una experiencia desagradable o incómoda. Si lo hace, los beneficios personales serán muy valiosos. La idea es que la elección sea suya, y el sacrificio sea hecho con voluntad, pues el objetivo es significativo para usted. El sacrificio puede ser del mismo nivel del objetivo: físico, intelectual o espiritual. Pero, cualquiera que sea su meta, es necesario que sacrifique sus ilusiones egoístas o pueriles para alcanzar sus sueños adultos. Así como Dios creó al hombre en su divina imagen, usted debe reconstruir su "yo" en la imagen del hombre o la mujer que escogió ser.

También hay otro mensaje en esta carta. La única persona que está destinada a sacrificarse para alcanzar sus objetivos es usted mismo.

En la lectura

Al derecho: autosacrificio, mayor sabiduría, intuición. Devoción, entrega, renuncia. Abandonar algo por algo mejor. Profecía.

Al revés: egoísmo, interés personal. Maquinaciones políticas. Sacrificios mezquinos, falta de vínculos. Puede significar la pérdida o entrega de algo placentero para alcanzar un objetivo. Entre mayor sea el objetivo, mayor será el sacrificio requerido para alcanzarlo. Si esta carta representa al consultante, usted va a tener que pagar —y muy caro— por todo lo que quiere. Si tiene la voluntad de pagar el precio, podrá obtener su objetivo. Sólo recuerde a lo largo de esta difícil etapa que la elección es suya: pagar el precio, o sacrificar el objetivo.

*La Muerte simboliza
una completa ruptura con
lo pasado, el fin de su
antigua vida.*

XIII DEATH

La Muerte

13 13

13 DEATH

GWYN AB NUDD
& THE WILD HUNT

13
La Muerte

La Mort (La Muerte). Corresponde al número trece, también a la letra hebrea Mem.

Representa
Cambio abrupto; el fin de las cosas como son o como fueron. Muerte.

Descripción
En muchas barajas, la Muerte es tradicionalmente representada como un esqueleto con una guadaña. En otras puede estar representada como un esqueleto con armadura negra montando un caballo. La figura a veces aparece con una sonrisa abierta, o con expresión de venganza.

El fondo también varía. Algunas barajas muestran partes del cuerpo: cabezas, manos, pies y huesos. Otras ilustran diferentes grados de personas (un rey, una doncella, un niño, un sacerdote), muertas o al borde de la muerte. A veces el fondo aparece descubierto.

Significado
La Muerte simboliza una completa ruptura con lo pasado, el fin de su antigua vida. Puede ser interpretada como la renuncia a ideas y viejas formas de actuar. También puede significar un cambio rotundo en su vida o estilo de vida, un salto de un modo de existencia a otro. Además representa el fin de asociaciones estrechas.

La hoz de la Muerte simboliza "cosechar". Usted ha sembrado su semilla, ha crecido hasta este punto, y ahora es tiempo de recoger. Recibirá lo que ha aprendido, y se moverá a la siguiente etapa de la existencia.

En cualquier caso, hay una muerte real aquí, pero con ella se inicia una nueva vida. Esta carta alegoriza el fin de la persona que fue, pero no debe temer, es algo que ha ganado. De hecho es algo por lo que ha luchado. La terminación de lo que fue llega a causa de los sacrificios que usted ha hecho (Arcano 12), y todo lo que ha aprendido hasta ahora. A partir de este momento seguirá una vida completamente diferente a cualquier cosa conocida antes o que incluso pueda imaginar.

Aunque no he incluido interpretaciones numerológicas, es importante tocar dicho punto en este caso. El número trece no es en sí de buena o mala suerte. Representa transformaciones —sobre el plano material, usualmente un cambio favorable— y renacimiento: un límite entre lo que fue y lo que será.

En la lectura

Al derecho: un fin a las cosas pasadas. Mortalidad, lo inevitable. Una situación o evento que no puede impedirse. Puede significar la Muerte real, la suya o la de alguien cercano a usted. Fracaso.

Al revés: destrucción, pérdida, fracaso de planes. Apatía, pérdida de la esperanza y la fe. Cambios desfavorables (aunque no necesariamente fatales).

Un cambio importante está a punto de realizarse en su vida. Cualquiera que sea, bueno o malo, no puede ser evitado. Observe que mientras esta carta representa una transformación positiva en las etapas del entendimiento espiritual, en una lectura es un arcano muy negativo.

Si la carta representa al consultante, está enfrentando un cambio abrupto en su antigua vida, y es muy poco o nada lo que puede hacer para detenerlo. Asegúrese de interpretar cuidadosamente las otras cartas de la lectura para determinar exactamente cuál es el cambio. Puede significar desde un cambio material, como un divorcio o la pérdida del empleo, hasta la muerte real. Si el cambio es en su estatus material, estar preparado puede ayudarle a salvar algo, o al menos a seguir. Si esta carta predice su muerte, o la de alguien cercano a usted, las otras cartas le dirán cómo y por qué sucederá. Puede haber algo por hacer para impedirla (como evitar una situación mortal, o anticipar un suicidio potencial). Este arcano puede simplemente significar que sólo puede aceptar las cosas y prepararse para lo inevitable.

La lección que enseña la Templanza es una de las más importantes, y probablemente la más difícil de las lecciones que necesita aprender: paciencia.

14
La Templanza

La Templanza. Corresponde al número catorce y a la letra hebrea Nun.

Representa

Paciencia, autocontrol, voluntad para lograr el entendimiento.

Descripción

Un ángel con alas parado en un arroyo. En algunas barajas, la figura tiene un pie en el arroyo y el otro en la orilla. El ángel puede ser hombre o mujer. A veces aparece con una aureola o una corona, o una especie de disco simbólico usado sobre la frente.

El ángel sostiene dos copas o cántaros, uno en cada mano, y aparece virtiendo líquido de uno a otro (probablemente agua). El fondo muestra campo y montañas en la distancia. En algunas barajas, el arroyo (a los pies del ángel) fluye desde las colinas. En otros naipes también aparece una corona apenas visible sobre las montañas.

El uso de un ángel como figura principal en esta carta simboliza la idea de que tenemos la habilidad para subir hasta un nivel angelical, si aprendemos la lección enseñada por la Templanza.

Significado

La lección enseñada por esta carta es una de las más importantes, y probablemente la más difícil de las lecciones que necesita aprender: paciencia. Hay momentos en su vida en los cuales parece que nada sucede, nada se mueve. Usted ha llegado a un punto muerto, y nada puede hacer al respecto.

Esto no se trata de alguien o algo que deliberadamente lo detiene. Es un período de espera necesario, y aunque puede parecer un retraso, las cosas están realmente sucediendo. Usando un ejemplo bastante trivial: una vez que ha hecho su batido, lo ha vertido en la olla y lo ha puesto en el horno, tiene que esperar hasta que esté en su punto. Hay un cierto tiempo que "debe" esperar para que la torta se hornee apropiadamente. Los esfuerzos que ha hecho y los proyectos que ha emprendido, están prontos a mostrar resultados; sólo necesita ser paciente.

La Templanza también enseña que usted puede hacer uso constructivo del tiempo que debe esperar, considerando lo que ha hecho y lo que hará, explorando sus necesidades y motivos, y haciendo que el aprendizaje se convierta en un verdadero entendimiento.

Sin embargo, lo más importante en esos momentos es que se force a sí mismo a tener paciencia. En la vida estamos acostumbrados a hacer algo, pero es necesario aprender que hay espacios de tiempo en los que no necesita o no puede hacer actividad alguna.

En la lectura

Al derecho: paciencia, adaptación, moderación, templanza, reflexión. Diplomacia, imparcialidad. Buen manejo de las cosas; economía, habilidad para coordinar.

Al revés: separación, falta de armonía. Intereses competitivos, combinaciones o alianzas desfavorables (tales como matrimonios o sociedades inaceptables socialmente). Frustración, impaciencia.

Aunque parece que se encuentra estancado, las cosas se dirigen hacia su fin apropiado y llegarán en el momento preciso. No se apresure, nada puede hacer ahora. Si esta carta representa al consultante, y usted está impaciente por los resultados, el mensaje es el mismo. Si se encuentra sentado atrás esperando resultados, está haciendo lo correcto. De hecho, está haciendo lo único posible en esta situación.

XV THE HORNED ONE

La alegoría aquí
no es una voluntad
independiente, sino una
inteligencia que trabaja
para perturbar el
equilibrio divino.

El Diablo

15 THE HORNED ONE

CERNUNNOS

15
El Diablo

Le Diable (El Diablo). Corresponde al número quince, y a la letra hebrea Samekh.

Representa
La lucha entre el bien supremo y el mal supremo; un conflicto entre el orden y el caos.

Descripción
Algunas barajas muestran un diablo tradicional, con cuernos, pezuñas, cola y horca. Su postura, con una mano levantada como maestro de títeres, parodia la figura del Sacerdote.

La mayoría de naipes muestran un diablo grande con dos figuras más pequeñas, hombre y mujer, paradas junto a su trono. Estas imágenes pueden ser demonios, humanos, o humanos con cuernos; aparecen encadenados o atados a la base del trono del Diablo. Observe que la posición de las tres figuras es un eco —o burla— a la ilustración mostrada en el Arcano 5 (el Sacerdote).

La figura del diablo en estas barajas puede tomar diversas formas, desde una cabra con cuernos hasta una figura más humana. Puede ser una figura atractiva o realmente aterrorizante. Sea cual sea la forma, en la mayoría de casos aparece con cuernos y alas, y a veces usa el pentagrama invertido sobre su frente como una corona.

En casi todas las barajas el diablo tiene una mano levantada y/o extendida sobre las dos almas encadenadas a su trono. La figura principal está usualmente sentada, pero puede estar de pie. Su expresión varía desde una sonrisa tentadora hasta un aspecto de enojo con el ceño fruncido. Su actitud afecta directamente las otras dos figuras de la ilustración. Si el Diablo está sonriendo, así aparecerán sus dos acólitos. Si frunce el ceño, sus dos esclavos estarán temerosos o sufriendo.

La imagen de esta poderosa figura, cuyo gesto afecta o controla a quienes caen bajo su influencia, puede ser vista como un sarcasmo de la bendición dada por el Sacerdote en el Arcano 5. A veces puede ser difícil saber si las dos figuras pequeñas son sus prisioneros, sus siervos, o sus mascotas. En cualquier caso, están indudablemente atados a su voluntad.

Observe que las dos figuras pequeñas, estando a un nivel inferior, no sólo imitan los Sacerdotes menores del Arcano 5, también simulan con sus posiciones los dos pilares mostrados en otras cartas.

Significado

El Diablo representa la antítesis del bien, las fuerzas que perturban el orden armonioso de la existencia. No es sólo el individualismo lo que hace malo a este ser. El Mago (Arcano 1) también trata de imponer su voluntad en el universo y, de hecho, uno de los resultados al terminar el camino del Tarot es el verdadero control del destino.

La alegoría aquí no es una voluntad independiente, sino una inteligencia que trabaja para perturbar el equilibrio divino. Su propósito es derrotar la ley sagrada y crear caos en el mundo.

Los antiguos enseñaban que hay un orden en el universo, dentro del cual todos los seres vivientes pueden encontrar su mejor destino. La ley divina busca establecer y mantener ese orden. El Diablo trabaja para perturbarlo. Puede operar como un tentador, o puede utilizar el temor, pero de cualquier modo su propósito es ofrecer incentivos irresistibles para extraviar el verdadero camino.

El verdadero camino, de acuerdo al Tarot, es estar lo más cerca posible a lo divino. En esta etapa de su desarrollo espiritual, usted es lo suficientemente adepto para ser un siervo valioso de las fuerzas del mal. Este es el punto en el que puede escoger si continúa hacia el objetivo final, o toma el camino izquierdo que finaliza aquí. Los incentivos son especialmente tentadores para el buscador en esta fase. Acaba de ser forzado a esperar la realización de sus propósitos (Templanza). El

Diablo parece ofrecer una manera de alcanzar dichos objetivos sin espera alguna o trabajo adicional.

El poder ofrecido es enorme, pero el precio exigido también es significativo. Nunca olvide que puede lograr lo que desea sin la ayuda del Diablo. En realidad, se interesa en usted únicamente porque su potencial excede cualquier cosa que él pueda alcanzar.

No se le está ofreciendo un camino más fácil. El significado de las figuras encadenadas enseña que para tomar el poder ofrecido por el Diablo, debe entregar su voluntad propia y libre.

En la lectura

Al derecho: odio, violencia, destrucción. Desorden, fatalidad, mala suerte. Su autoridad y voluntad son removidas y dadas a otro. Además, lo que es predestinado, y por consiguiente inevitable, no es necesariamente malo.

Al revés: debilidad, ceguera, envidia, enfermedad. Destino fatal. Elecciones equivocadas. Desastre suyo que beneficia a los demás.

Se le ha ofrecido un arreglo rápido a sus problemas. Si es lo suficientemente impaciente para tomarlo, podría ver la destrucción de todos sus planes y sueños. Usted puede tener éxito por sí mismo. No se deje tentar por atajos, aunque sean atractivos, ni desfallezca por el duro trabajo requerido si continúa solo.

Si esta carta representa al consultante, tenga cuidado. El poder que está ejerciendo sobre sus subordinados es apasionante, y puede encontrar satisfactorio manipular, controlar, e incluso destruir vidas.

XVI THE TOWER

Esta carta representa
la destrucción que resulta
directamente de su propia
falta de entendimiento y
buen Juicio, y/o del mal
uso de su libre voluntad.

16
La Torre

—◆:◆—

La Maison de Dieu (La Casa de Dios; también el Derrumbe de la Torre y la Torre de Destrucción). Corresponde al número dieciséis y a la letra hebrea Ayin.

Representa
Un contratiempo; la ruina de todos sus planes; el desastre resultante del mal uso del poder o los dones divinos.

Descripción
Una fortaleza de piedra o torre; su cima es mostrada a veces como una corona. La torre está siendo golpeada por rayos que representan la ira divina. El tope de la torre está destruido, y la construcción en sí cae en pedazos. La ilustración también muestra dos figuras humanas, usualmente hombres, cayendo de la torre directo hacia la muerte.

La alegoría aquí es una construcción que representa el poder humano y la vanidad siendo destruidos por la ira divina.

Significado
La historia más conocida correspondiente al simbolismo en esta carta es la Torre de Babel. Las personas en ella llegaron muy unidas para alcanzar lo que pudo ser el mayor logro de la humanidad: una completa unidad de propósito. Todos hablaban un sólo idioma, trabajaban juntos por un objetivo. El resultado de dicha cooperación fue la

71

destrucción del trabajo, la confusión del lenguaje, y la dispersión de las personas hacia las cuatro esquinas de la tierra.

Es importante entender que no fue la construcción real de la torre lo que estuvo mal, ni la cooperación para construirla. El error fue la razón por la cual se construyó la torre. En lugar de usar la unión de sus fuerzas para alcanzar lo divino en sí mismos, la usaron para desafiar a Dios e intentar regir la tierra en lugar del ser supremo.

Esta carta sigue al Arcano 15 (el Diablo). El propósito de su camino hacia el entendimiento espiritual es lograr parecerse a Dios. Pero, según el Tarot, usted no será como Dios teniendo sólo poder en el plano material. Si está tentado por las posibilidades de controlar este mundo en lugar de esforzarse por obtener sabiduría y crecimiento espiritual, perderá todo lo que ha ganado. El desastre no se produce porque usted haya desarrollado grandes poderes, sino por el mal uso de ellos. La destrucción resulta directamente de su falta de entendimiento y buen juicio, y/o del mal uso de su voluntad libre.

La Torre puede representar una pérdida material real, en finanzas, relaciones, prestigio o influencia personal. También puede entenderse como una advertencia de que sus poderes no son tan grandes, o que su entendimiento de ellos no es tan completo como cree. En este sentido, ilustra el desastre que puede, y que efectivamente sucede, a los que usan la magia sin entender sus verdaderos propósitos, la destrucción de una persona que juega con poderes que están más allá de su control o entendimiento.

En sentido espiritual, este arcano simboliza el resultado para el buscador si toma el camino ofrecido por el Diablo.

Aunque ha sido indicado a lo largo del camino, esta es la primera afirmación directa del Tarot acerca de cómo debe ver su objetivo final. No es este mundo el que trata de conquistar.

En este punto de su búsqueda, es aún tentador evaluar el éxito de acuerdo a los términos de este mundo, impresionar a los demás, gobernar este plano, o en cierta manera alcanzar estatus mundano. Lo que hace aún más atractiva esta etapa de su búsqueda es que ahora tiene el poder para manejar el mundo a su voluntad —al menos por un tiempo—. Pero su objetivo es más que eso. Debe aprender a ver más allá de lo obvio, alcanzar un mayor nivel de realización. Si entrega su progreso espiritual por poder material, perderá todo lo que ha ganado.

En la lectura

Al derecho: trastorno, adversidad, calamidad, miseria, decepción. Ruina imprevista, terminación. Una pérdida personal o financiera, tal como la destrucción de su hogar o sus negocios, el rompimiento de un matrimonio o una relación, o cualquier cambio desastroso en los asuntos personales o financieros; en particular, una catástrofe imprevista.

Al revés: aún predice calamidades y pérdidas, pero de menor importancia en su vida; estos problemas trastornarán su existencia, pero no significan el fin de todo lo que ha construido. Un cambio repentino. Opresión, adversidad, decepción, tiranía.

Lo que ha construido está terminando en desastre. En la mayoría de casos, estos desastres podrían haber sido prevenidos si hubiera actuado sabiamente desde el comienzo. Si actúa apropiadamente ahora, es posible que alivie al menos algunos de los problemas próximos a ocurrir.

Si esta carta representa al consultante, usted se ha sobrepasado y está a punto de pagar el precio. Pero incluso en este caso, el desastre es debido a que usted creía que tenía poderes realmente inexistentes, o usó su autoridad imprudentemente o por razones equivocadas. En términos simples: su ruina es producto de sus propias fallas.

La alegoría de la carta de la Estrella no es sólo la paciencia, también debe poner en su lugar algo de su ser.

17
La Estrella

L'Etoile (La Estrella). Corresponde al número diecisiete, también a la letra hebrea Pe.

Representa
Sabiduría, inmortalidad, realización de sus objetivos, generosidad y entendimiento.

Descripción
Una mujer apoyada con una rodilla en el borde de un arroyo. En la mayoría de barajas, su rodilla se apoya en la tierra, y su otro pie está en el arroyo. Sostiene dos jarros, uno en cada mano, con los cuales está vaciando el agua. En todas las barajas, vierte agua hacia el arroyo con al menos uno de los jarros, y por lo general el agua del segundo jarro está siendo vertida sobre la orilla. Sólo parte del líquido retorna al arroyo. Observe que la imagen corresponde al Arcano 14 (la Templanza). Pero la alegoría aquí no es la simple paciencia (esto es, ocuparse de usted mismo mientras espera que un objetivo se realice). También se refiere a que debe poner en su lugar algo de su ser.

Encima de la cabeza de la mujer aparecen estrellas, aunque su número y acomodo varían en cada baraja. Algunos naipes muestran siete estrellas pequeñas en diversas configuraciones, y una mucho más grande que siempre está justo sobre la cabeza de la figura. A menudo las barajas que muestran este segundo simbolismo configuran las estrellas más pequeñas en dos columnas a los lados de la estrella principal, imitando un portal. En ocasiones sólo aparece la estrella grande, pero también sobre la cabeza de la mujer.

El fondo muestra una especie de campo abierto. Muchas barajas muestran uno o dos árboles a la distancia, con un ave sobre las ramas más altas de uno de ellos. Si aparecen dos árboles, son mostrados a cada lado de la figura, al igual que las columnas en otros arcanos.

El simbolismo importante es la mujer virtiendo agua de regreso al arroyo. Ella está retornando a su fuente una porción de lo que le fue dado.

Significado

Considere la imagen de las estrellas. Desde los tiempos más antiguos, el hombre se ha fascinado y se ha guiado por estas señales en los cielos. La astrología enseña que las posiciones de los astros influencian nuestras vidas, pero incluso aquellos que no tienen conocimiento de dicha disciplina, toman en cuenta estos faros distantes. Los viajeros usan la Estrella del Norte (o, abajo del ecuador, la Cruz del Sur) para encontrar el camino. La gente siempre ha visto figuras en la posición de las estrellas, y creado leyendas acerca de ellas. Ahora, en nuestros tiempos, los astros toman otro significado importante, mientras lentamente pero con seguridad, nos abrimos paso hacia ellos.

Las estrellas representan el universo en todo su misterio y potencial para crecimiento, aprendizaje y poder. Simbolizan lo que está aún en el plano material, pero más allá de los confines de este Mundo. En muchas formas, no sólo en la astrología, las estrellas dirigen nuestras vidas. En este arcano, al buscador se le da la oportunidad de asumir el control de esa dirección.

Así como la Torre (Arcano 16) mostraba los desastrosos resultados obtenidos por el uso imprudente del poder, las estrellas indican el potencial de la sabiduría y el entendimiento, que son el verdadero poder. Los mitos griegos relatan que las deidades olímpicas ubican a los humanos entre las Estrellas para inmortalizarlos. El Arcano 17 muestra el comienzo de su inmortalidad.

En este punto de su búsqueda, usted se convierte en maestro además de buscador. Los astros se organizan en su dirección, dándole el poder que el Mago sólo quiere emplear para ser el centro del universo, y cambiar los cielos a su voluntad.

Pero, para ganar y conservar este poder, debe poner algo en su lugar. La joven mujer en esta ilustración está virtiendo la fuerza vital, simbolizada por el agua, de regreso al plano terrestre, mientras las estrellas vierten su poder sobre ella. Es el comienzo de una transformación.

La mujer representa la juventud eterna y la verdadera belleza. Las estrellas simbolizan el potencial para alcanzar objetivos, y más importante aún, el entendimiento de lo que deben ser dichos propósitos. El agua en el arroyo indica que la serenidad nace del conocimiento de que usted superará todos los obstáculos. Es una porción generosa del conocimiento y el poder, que la mujer devuelve a la tierra para revitalizar la materia de su origen. La Estrella enseña que aunque nos preparemos para seguir un plano superior de conocimiento y realización, es importante recordar que nuestras raíces —y por consiguiente la base de nuestra fortaleza— están en este plano. Usted debe tener en cuenta, no sólo el lugar a donde va, sino también a aquellos que vendrán posteriormente.

En la lectura

Al derecho: sabiduría, inmortalidad, entendimiento espiritual. Esperanza, felicidad, realización intelectual. Satisfacción, destino, conocimiento. Progreso hacia sus objetivos, entendimiento de lo que deben ser esos objetivos.

Al revés: frustración, impotencia, robo. Expectativas no realizadas, decepciones, abandono. Arrogancia que guía a pérdidas en lugar de ganancias.

Ha encontrado el camino que le permitirá alcanzar su propia forma de inmortalidad. Use su poder sabiamente, con la tranquilidad de que lo que busca está a su alcance. Si esta carta representa al consultante, lo que usted ha realizado, o está a punto de realizar, le permitirá dejar su huella en el mundo. No le temerá más a sus rivales. Nadie tiene la habilidad, o incluso el potencial, de arrebatarle dicho éxito. Si es sabio y generoso, se dará cuenta también que puede aumentar su influencia y el recuerdo de su nombre, enseñando al menos algo de lo que ha aprendido de otros.

*La Luna le dice que
debe aprender a formar
los acontecimientos,
en lugar de ser formado
por ellos.*

18
La Luna

La Lune (La Luna). Corresponde al número dieciocho, también a la letra hebrea Tzaddik.

Representa
Misterio, intuición, habilidad psíquica, decepción y peligro.

Descripción
Esta es usualmente una carta dividida. La parte superior muestra la luna creciente dentro de un círculo completo. En efecto, la luna muestra su forma creciente y llena. Algunas veces hay una cara en ella, a la izquierda de la creciente, observando las imágenes de abajo. En algunas barajas el círculo completo aparece rayado. Cuando es así, usualmente se muestran una especie de gotas de agua cayendo de la luna hacia la tierra, simbolizando el descenso del espíritu a la materia.

Observe que la creciente y el disco forman una muy antigua representación de la diosa luna. Las estelas (monumentos con inscripciones) del Medio Oriente, inscritas en aramaico y fenicio, muestran repetidamente el símbolo en esta forma (con la creciente dentro del disco). En Africa del Norte, específicamente en el área que fue el centro de la cultura púnica, el disco era mostrado dentro (o suspendido abajo) de la creciente. En cualquier caso, hay evidencia arqueológica de que al menos algunos de los símbolos de los Arcanos Mayores son más antiguos que la cultura europea de los siglos catorce y quince.

También en la parte superior de la carta, debajo de la luna, hay una torre a cada lado de la ilustración (imitando el tema del portal). Entre ellas se localizan dos animales, usualmente un perro y un lobo, aullando hacia la luna. Representan nuestra naturaleza animal, fascinada y temerosa por los efectos de este cuerpo celeste.

En la parte inferior de la ilustración hay un lago o una charca, del cual sale una langosta o un cangrejo (probablemente el signo de Cáncer). El simbolismo aquí, como en las gotas que caen de la luna, es del agua, que de hecho es afectada también por los ciclos de la luna.

Las imágenes muestran qué tan fuerte es el poder de control de la luna sobre la tierra y nosotros mismos. De nuevo, la luna es la fuerza vital, pero en este caso, lo que se enfatiza es su fluidez para realizar cambios.

Este es el peligro que debe evitar, debe aprender a formar los acontecimientos, y no ser formado por ellos.

Significado

Aquí se puede ganar un gran poder, pero también hay un peligro que el buscador siempre debe tener en cuenta. La Luna representa el señuelo de lo desconocido, del conocimiento oculto, la verdad escondida. La falta de una completa información causa malentendidos y conflictos, y hace difícil, o imposible, llegar a conclusiones correctas. Asegúrese de entender exactamente lo que quiere y va a hacer antes de realizar su siguiente movimiento. Tenga en cuenta también que la palabra *lunacy* (locura), viene de la palabra luna: aquí hay peligro de locura, desesperación, e incluso tendencias suicidas. Todas estas cosas pueden interferir en su búsqueda de conocimiento y poder ocultos, presentes también en todos los aspectos de la luna.

La Luna tiene un magnetismo que atrae y controla. Habla con nuestra naturaleza animal, e influencia el subconsciente, induciendo voluntad sin pensamiento consciente. La única forma de evitar sus aspectos peligrosos es asumir deliberadamente un control consciente: debe resistir dicha influencia y conservar su propio control. Evite los riesgos en esta carta. Debe aprender a usar en todo momento su mente, su inteligencia consciente. No debe entregarse a sus instintos o emociones. En los caminos del Tarot está aprendiendo a desarrollar sus habilidades psíquicas. Y este es el punto en el que debe poner bajo control consciente dichos poderes. Lo que diferencia al hombre de los animales (que están afectados por la luna sin saber por qué), o de elementos no conscientes (como el mar), es nuestra inteligencia. Use su inteligencia de aquí en adelante, de otra manera fracasará su búsqueda. No debe ser manejado más solamente por sus instintos.

En la lectura

Al derecho: cautela, peligro oculto, enemigos ocultos. Escándalo, error, desilusión, decepción, lucha. También: intuición; habilidades psíquicas latentes, poseídas por el consultante; fuerzas ocultas que operan a su alrededor.

Al revés: decepción y peligro de menor importancia. Inestabilidad, errores insignificantes, silencio.

Hay fuerzas ocultas de gran poder que operan a su alrededor; tal vez no pueda controlarlas, pero puede evitar ser dominado por ellas. Vigile su camino.

Si esta carta representa al consultante, entonces usted posee habilidades psíquicas, la mayoría latentes, esté o no consciente de ello. Hasta el momento probablemente ha hecho poco o ningún uso de tal capacidad. Este es el mejor momento para que desarrolle y aprenda a controlar su habilidad psíquica, la necesitará de aquí en adelante. Pero actúe sabiamente; si hace mal uso de esta habilidad, o se niega a usarla, posiblemente se irá por un camino equivocado y peligroso.

La carta del Sol
simboliza la transición
entre la luz visible de este
mundo, y la luz espiritual
del mundo por el que
está luchando.

19

El Sol

Le Soleil (El Sol). Corresponde al número diecinueve, también a la letra hebrea Quoph.

Representa
Felicidad, éxito, realización, regalos recibidos.

Descripción
En la parte central superior de la ilustración aparece un gran sol, usualmente con una cara mirando al observador, y siempre emanando rayos de luz. Algunas barajas también muestran gotas que caen. Al igual que la carta de la Luna, muestra el descenso del espíritu a la materia.

La escena inferior varía; a veces aparecen dos niños, sentados y abrazados, o un hombre joven y una pareja de mujeres parados en un círculo y cogidos de las manos. Otras barajas muestran dos niños parados frente a un dique —una representación tipo géminis—. Hay naipes en los que sólo aparece un niño (o niña), sentado sobre un caballo y obviamente muy feliz. De nuevo, hay una pared de piedra o de ladrillo detrás de él (o ella); más allá de la pared son mostrados grandes girasoles.

La ilustración en general muestra alegría, paz y seguridad, incluso diversión. Los niños simbolizan una felicidad infantil, la habilidad para disfrutar los regalos de la vida como son dados.

En la carta de la Luna, usted está advertido para que haga completo uso de su inteligencia adulta y raciocinio para sobrevivir. En este arcano sólo puede recibir los rayos de un ardiente Sol de verano, y disfrutar los resultados de sus destrezas y lo que le es dado libremente.

Significado

La Luna brilla con luz reflejada, que no es suficiente para iluminar conocimiento oculto. Pero el sol es la fuente de la luz, produce calor y claridad, ilumina el entendimiento, y brinda comprensión, claridad y felicidad.

A medio camino entre el cielo y la tierra, el sol sirve como un mediador entre Dios y la humanidad. Al mismo tiempo es el aspecto más bajo de lo divino, y el más alto de lo mundano. Esta carta simboliza la transición entre la luz visible de este mundo y la luz espiritual del mundo por el que está luchando. Si puede acceder a los regalos que ofrece —con el corazón de un niño quien tiene su propia sabiduría en la inocencia, simplicidad y diversión pura de la vida— dará su siguiente paso hacia lo divino. ¡Este no es un interdicto para que deje de usar su mente! Está lejos de eso. Lo que debe hacer es seguir también las enseñanzas de su corazón. Ha sido dotado con un gran regalo. Lo que ha aprendido hasta ahora le permite simplemente disfrutarlo sin necesidad de analizarlo.

La lección enseñada por este arcano puede ser tan difícil de poner en práctica como la sugerida para la Templanza (Arcano 14). A través de todas las etapas de su búsqueda, ha necesitado esforzarse y crecer, con el fin de alcanzar un objetivo muy importante. El Sol enseña que a veces es necesario detenerse y oler las rosas. Se le permite disfrutar lo que ha aprendido y lo que ahora es.

Como un punto medio entre el plano material y el divino, el Sol alegoriza la identificación del buscador con la vida y la apreciación de ésta en el aquí y ahora, además de la esperanza y posibilidad de vidas por venir en un estado superior del ser.

En la lectura

Al derecho: triunfo, éxito, felicidad, realización, alegría, honores. Un nuevo comienzo, un nacimiento (el de un niño, un proyecto, una idea, una carrera). Bendiciones materiales, una unión (tal como un matrimonio) que será feliz.

Al revés: lo mismo que al derecho pero en menor grado. Esta nunca es una carta negativa.

Ahora puede ver claramente su camino. Aquello por lo que ha trabajado tan duro, está a punto de realizarse. Puede incluso recibir regalos que no ha ganado y que tal vez no esperaba.

No los analice, no los cuestione, no trate de comprender lo que realmente significan. Sólo acéptelos y disfrútelos.

Si este arcano representa al consultante: usted ha trabajado muy duro, merece disfrutar lo que ha ganado, y lo que se le ha dado. Tome su tiempo ahora para al menos probar los frutos de sus labores. No está mal sentir orgullo de lo logrado —o disfrutar un poco de ello—. Si aún no conoce esta verdad básica, entonces es tiempo que se la aprenda: usted no vive para trabajar, trabaja para vivir.

El Juicio simboliza el fin de su antigua vida y el comienzo de otra, pero en este caso, cualquiera que sea el cambio a ocurrir, será favorable.

20
El Juicio

Le Jugement (El Juicio, o El Juicio Final). Corresponde al número veinte, también a la letra hebrea Resh.

Representa

Decisiones finales; el comienzo de una nueva vida; resultados, conclusiones. El fin de sus dudas, respuestas a sus preguntas.

Descripción

En la parte superior de la ilustración, una figura divina, usualmente representada como un ángel con alas que yace en una nube y toca una trompeta. Abajo aparecen figuras humanas saliendo de ataúdes o de la tierra misma, sus caras expresan asombro.

El número de imágenes humanas en la carta puede variar de tres a seis. Se incluyen tanto hombres como mujeres, y a veces niños. En algunas barajas, las personas son mostradas paradas en un círculo cogidos de manos. En otras, sus manos están levantadas hacia el ángel, o puede haber una combinación de ambas actitudes. Salvo algunas ligeras variaciones, la mayoría de barajas muestran una ilustración similar.

El simbolismo que esta carta representa es el resucitar de los muertos, el Juicio Final. Este es el momento en que todas las almas serán llamadas a rendir cuentas por sus acciones durante la vida, y cuando finalmente sabrán lo que pueden esperar como resultado.

Sin embargo, observe el uso del tiempo futuro aquí, aún no saben nada, simplemente se les asegura que lo sabrán. La alegoría es la de un despertar, y lo que esperan al despertar es que las creencias que los trajeron a este punto estaban en la realidad.

Significado

Al igual que la carta de la Muerte, el Juicio simboliza el fin de su antigua vida y el comienzo de otra. Pero en este caso, será favorable cualquier cambio que esté por suceder. Sus preguntas serán respondidas, sus dudas serán resueltas, conocerá la verdad al final.

Estas respuestas pueden ocurrir en el plano espiritual o en el mundano de la vida. En el mundano, por ejemplo, puede ser que encare una nueva carrera, un nuevo romance, o un cambio positivo en su vida en general.

A nivel espiritual, las respuestas son aun más importantes. Hasta ahora, se ha estado esforzando por un objetivo, apoyado sólo por su fe de que debe existir y vale la pena luchar por él.

Ahora se le mostrará que efectivamente existe, y que nada podría ser más valioso. El Juicio promete la recompensa por su fe y esfuerzo: prueba que hay una razón y un propósito para la existencia suya y la del universo, del cual usted surgió. De aquí en adelante no tendrá que creer más, ahora sabe. Note que a pesar del tipo de ilustración usada, esta carta realmente no se refiere al Juicio Final en el sentido del fin del mundo. Pero sí significa la terminación del antiguo mundo del buscador, y lo que se acabará es el misterio, la desesperación y la duda. El Juicio es un arcano mayor positivo, que simboliza regeneración, renacimiento y entendimiento. Lo más importante, usted tiene derecho a estos premios, los ha ganado gracias a su fe y su lucha a pesar de la incertidumbre. Somos juzgados por nuestro carácter y comportamiento personal.

En la lectura

Al derecho: determinación, decisión, resultados. Una introducción, un nuevo comienzo, nuevas expectativas. Un importante anuncio, que afectará positivamente su progreso. Problemas resueltos, preguntas respondidas. Cambio, renacimiento, renovación: un giro radical pero positivo en su vida.

Al revés: retraso, deliberación, resultados aplazados, debilidad, cobardía. También posible castigo por cualquiera de estos rasgos.

Usted ha estado luchando ciegamente por sus objetivos; ahora es el momento en que se asegura su éxito y entendimiento. No tenga miedo, coja con las dos manos este premio. Si se demora, si vacila, la mayor oportunidad de su vida se perderá.

Si esta carta representa al consultante, tenga la seguridad de haber seguido el camino correcto todo el tiempo. No importa qué dudas pueda haber tenido —o tenga aún— y no importa qué reacción negativa ha recibido a lo largo del camino, usted tomó exactamente las decisiones correctas para su vida y la de aquellos que eran afectados con tales elecciones. Espere resultados positivos muy pronto; las preguntas importantes serán respondidas, las dudas serán resueltas y será recompensado por sus esfuerzos.

*El Mundo simboliza
el completo dominio y
entendimiento de su
naturaleza interior y las
fuerzas que lo rodean.*

21
El Mundo

Le Monde (El Mundo). Corresponde al número veintiuno, también a la letra hebrea Tav. [Nota: la baraja de Waite ubica "el Loco" en esta posición (aunque esta carta es aún el número veintiuno y el Loco es el cero). En términos de correspondencia con el alfabeto hebreo, insertar el Loco aquí es correcto. Tav es la última letra del alfabeto, y Shin (la letra correspondiete al Loco) es precisamente la penúltima. Sin embargo, la mayoría de barajas no interrumpen el progreso de los arcanos, ubican la carta del Loco al comienzo o al final].

Representa
Perfección, realización. Sus objetivos han sido alcanzados, su desarrollo o aprendizaje ha finalizado.

Descripción
En la mayoría de naipes, la figura central es una mujer joven desnuda, cubierta ligeramente con una larga bufanda en movimiento. Está rodeada por una guirnalda, hecha con hojas, o con hojas y flores. A veces aparece sosteniendo varas (mágicas) en ambas manos. La posición de sus manos varía, pero algunas barajas muestran el mismo gesto del Mago: una mano hacia arriba, y la otra hacia abajo.

En las esquinas de la carta hay cuatro figuras diferentes: arriba a la izquierda aparece un ángel o humano con alas; arriba a la derecha, un águila o un halcón; abajo a la izquierda, un toro; y abajo a la derecha un león. En ocasiones son mostradas sólo las caras de estas cuatro figuras, pero algunas barajas las muestran tan ampliamente que se observa que todas tienen alas. Observe que la posición de estas imágenes es similar a la configuración mostrada a veces por el Arcano 10 (la Rueda de la Fortuna).

Significado

En esta representación usted es el adepto que ha tratado de ser a lo largo de su viaje. Su transmutación (mostrada en la carta anterior, el Juicio) se realizó, y ha alcanzado la síntesis perfecta del cuerpo (material), la mente (inteligencia), el alma (autoentendimiento), y espíritu (subconsciente).

El Mundo simboliza el completo dominio y entendimiento de su naturaleza interior y las fuerzas que lo rodean. Sabe lo que es correcto y bueno en el universo. Puede confiar en su juicio sin tener en cuenta qué acciones tomar en las circunstancias que actualmente lo rodean. Ha alcanzado el estado de gran adepto.

Este arcano simboliza lo contrario de la Torre. En el Arcano 16, la destrucción fue producto del abuso de poder. El fallido adepto asumió una autoridad que en realidad no tenía, y buscó un objetivo al cual no tenía derecho.

Pero aquí, usted alcanza un objetivo aun mayor que cualquiera que haya deseado, o incluso imaginado, en el nivel inferior.

No hay posibilidad de destrucción, pues nunca más tomará decisiones equivocadas. Todo lo que hace es correcto, y tiene derecho a todo lo que tiene. Sabe quién y qué es, por qué es, y la razón de su existencia. Y todas estas respuestas sirven para probar su valor individual. Todo esto es la recompensa por sus esfuerzos.

En la lectura

Al derecho: terminación, perfección, síntesis, último cambio. Honestidad y verdad; éxito asegurado, armonía, realización. Graduación, fin de un ciclo. Reconocimiento, recompensa, aclamación.

Al revés: negación, sacrificio de amor u objetivos. Estancamiento, inercia. Retribución por malas acciones.

Ha aprendido las lecciones requeridas para esta encarnación (o situación, si la pregunta involucra cosas mundanas). Usted es lo que necesita ser, sabe todo lo que debe saber, y ha realizado todo lo que necesitaba realizar. Ahora puede ir por otras cosas, consciente de que esta tarea ha sido terminada a la perfección.

Si esta carta representa al consultante, usted ha alcanzado el éxito final sin los inconvenientes que traen a menudo logros menores. Todo lo que haga, todo lo que suceda, servirá sólo para probar su valor en esta área.

Hay algo que debe tener en cuenta, en este nivel de realización no hay forma de desarrollarse más. Pero no puede dormirse en sus laureles, debe encontrar otra área en que crecer, o sino se estancará. El trabajo está hecho, es tiempo de seguir adelante.

*El Loco representa
a alguien que camina
ciegamente a su destino
sin tener en cuenta las
señales de advertencia a
lo largo del camino.*

0
El Loco

❖

Le Mat (El Loco). Corresponde al número cero, también a la letra hebrea Shin. [Nota: la baraja de Waite ubica esta carta entre el Juicio (21) y el Mundo (22). Paul Case y otros, localizan el Loco al comienzo de los Arcanos Mayores. MacGregor Mathers y otros lo ubican en esta posición final. Esta carta es posiblemente el triunfo más importante; usted tendrá que decidir su localización adecuada. La he ubicado al final, ya que para tomar dicha decisión, deberá determinar también la interpretación que considere correcta. Y en este punto, sabe suficiente acerca del Tarot para hacerlo].

Representa
Errores inevitables debido a su propia ignorancia (a menudo deliberada). Completa locura.

Descripción
La ilustración muestra un hombre que camina hacia el borde de un acantilado sin percatarse de ello. Puede estar mirando atrás sobre sus hombros o dirigiendo su vista fijamente hacia el cielo. El siguiente paso lo dará en el aire, pero está completamente inadvertido del peligro.

En algunas barajas, el loco aparece vestido con el traje coloreado, la gorra y las campanillas de un bufón real. En otras es mostrado usando el traje simple de un viajero. En la mayoría de barajas el loco lleva un saco de vagabundo, atado a un palo puesto sobre el hombro, y puede o no estar apoyado sobre un bastón de viajero (como el Ermitaño). Muchas veces aparece un pequeño perro en la ilustración, levantado sobre sus patas posteriores, ladrándole a la figura, o agarrando su ropa con los dientes para hacerlo retroceder. Sea cual sea el caso, el perro intenta advertir al loco sobre el peligro. Sin embargo, el loco está tan inmerso en sus ideas, que no pone atención alguna a las advertencias.

Es importante anotar que no siempre es claro en esta carta si el hombre joven es realmente un loco que está a punto de dar un paso peligroso sin saber lo que está haciendo, o si efectivamente es consciente de su peligro, y simplemente no le teme. En cualquier caso, el paso siguiente será muy drástico.

Hay que recordar que su locura es deliberada. Empezar el camino del Tarot requiere un salto ciego de fe.

Significado

No subestime el loco. Puede parecer una figura ridícula, pero debe aprender la lección que enseña.

El simbolismo abierto de este arcano es el de una locura absoluta. Al igual que el Ermitaño (Arcano 9), el Loco es un viajero. Pero en lugar de usar su inteligencia o cualquier otra ayuda para iluminar el camino, se rehusa deliberadamente a mirar hacia dónde va.

Observe también la imagen relativa al Arcano 10 (la Rueda de la Fortuna). Similar a la figura que cae de la rueda, el Loco está sobre el borde de un desfiladero a punto de caer. Pero en este caso, no es un destino ciego y descuidado lo que causa el desastre; es su propia locura absoluta.

En otras palabras, el Loco describe un individuo decidido a viajar por un camino determinado, que no le importan las señales de advertencia que pueda encontrar, ni mirar dónde da sus pasos. Con esa actitud, dice el Arcano Cero, es inevitable que usted camine ciegamente hasta cometer un error realmente estúpido.

En términos de su desarrollo personal, el Loco le dice que está ignorando su propósito, simplemente porque se rehusa a aceptar la verdad que está frente a usted.

Sin embargo, con respecto a su progreso a través del camino del Tarot, hay dos posibles interpretaciones para esta carta. Si el Loco está al comienzo de los Arcanos Mayores, entonces el mensaje dice que usted es un Loco debido a que no ha iniciado aún su progreso hacia el autoentendimiento espiritual. Sin entender lo que tal estudio ofrece, camina ciegamente a través de la vida, ignorando todas las señales y advertencias importantes, ignorando el propósito de la vida. Además, caminar por esta ruta sin mirar a dónde va (esto es, usar las habilidades de un adepto sin entender a qué lo pueden guiar), podría llevarlo hacia el último desastre.

Pero si el Loco está ubicado en esta posición final, entonces tal vez esta figura no es, después de todo, tan loca como parece. Puede simplemente indicar que usted debe dar un paso ciego de fe para alcanzar el punto final en el camino del entendimiento. Y aunque puede parecer para el observador que está caminando ciegamente hacia su fin, quizá lo que realmente busca es una transformación tan afuera de los límites de este mundo que no puede ser imaginada, incluso por los adeptos más realizados.

Usted debe decidir por sí mismo si considera al Loco como alguien demasiado estúpido para no mirar por dónde va, y que por consiguiente se dirige al desastre, o si es alguien cuya fe es tan grande, que tiene la voluntad de dar el paso más importante sin cuestionar a dónde puede guiarlo. De cualquier forma, está caminando ciegamente hacia su destino. El Arcano 0 le pregunta si usted haría —o podría— hacer lo mismo.

En la lectura

Al derecho: locura, falta de disciplina, delirio, frenesí, desatención.

Al revés: despreocupación, negligencia, apatía. Indecisión, inestabilidad.

Si esta carta describe una situación, entonces le sugiere que sería tonto involucrarse en ella, o esforzarse por resolverla. Si describe a un individuo, entonces éste es el Loco, o está involucrado en una empresa imprudente.

Si la carta representa al consultante, frente a usted está la lección más importante para su futuro. Si continúa en el camino que ha estado siguiendo, su mayor posibilidad es la destrucción. Si pone atención a las señales de advertencia, tendrá aún la oportunidad de evitar dicho desastre.

En efecto, si aparece este arcano, le sugerirá que observe su camino, use su cabeza, y deje de ser un idiota deliberado.

[Nota: en la mayoría de los casos, el consultante a quien le aparece el Loco en una lectura sabe muy bien que está siendo imprudente, pero se rehusa a reconocerlo.]

Notas

Es mucho más lo que puede aprender y lograr con los Arcanos Mayores, que lo mostrado aquí, o lo que pueda ser cubierto en un libro de esta naturaleza. Sin embargo, antes de seguir, demos al menos una breve mirada a una de las formas con que podría hacer un uso práctico de estas cartas.

El desarrollo espiritual es importante, pero también necesita vivir en este Mundo. En este punto es posible usar los Arcanos Mayores para el progreso personal además del espiritual. Para hacerlo, debe seleccionar la carta apropiada para su propósito. Luego use esta imagen para crear cambios en su ser que le permitan actuar más efectivamente en su vida diaria.

Este es también un uso de meditación del Tarot, pero en el cual usted usa las cartas de los Arcanos Mayores como ayuda para alcanzar un objetivo específico. Por ejemplo, la Fuerza (Arcano 0) es una carta de resistencia y triunfo contra la oposición. Su función es permitirle derrotar, no sólo enemigos fuera de su ser, también los interiores, para vencer sus defectos y pasiones bajas.

Ahora digamos que tiene un hábito o patrón de comportamiento que no ha podido cambiar, a pesar de duros intentos. Su problema puede ser un rasgo de carácter tal como una timidez extrema, o una adicción, como fumar o comer en exceso. Usando cualquiera de las técnicas de meditación que funcione para usted, enfoque su

atención en la ilustración de la carta de la Fuerza. Ubique su imagen (esto es, la imagen que mejor ilustre como se ve a sí mismo) en
la posición de la figura que está luchando contra el león (y vencién-
dolo). Luego forme una imagen visual de su hábito o rasgo, y ubíquela en la posición del león. Véase controlando su problema a
voluntad, y finalmente derrotándolo.

Si lo anterior no le funciona, inténtelo con una carta diferente.
Cada persona y cada situación es diferente, y hay una variedad de
soluciones a través de los Arcanos Mayores. Por ejemplo, digamos que
la verdadera razón por la que no ha eliminado un hábito en particular,
como fumar, no es porque no pueda, sino porque no quiere. Sin
embargo, reconoce que estaría mejor sin él. Si esta es su situación, no
tiene que vencer enemigo alguno, pero hay algo que debe abandonar
para obtener un mayor bien (una salud mejor). El Colgado (Arcano
12), con su simbolismo del sacrificio que busca alcanzar un mayor
objetivo, podría servir mejor para su propósito.

No obstante, el que pueda o no usar una carta en particular, también depende de si puede o no ubicarse en la ilustración. Si visualizarse a sí mismo en una situación dada lo hace sentir mal, entonces no
podrá usar la carta, aunque sea apropiada para su propósito.

En tal caso, es completamente correcto desechar una carta que
represente específicamente su problema, y seleccionar otra cuyas
imágenes sean menos amenazantes y/o más satisfactorias personalmente. Por ejemplo, el Mundo (Arcano 21) podría ser usado también
para eliminar un hábito o cambiar un rasgo del carácter, en este caso
como simbolismo del resultado final, y no del proceso para llegar a
él. Además puede visualizarse como el Mago (Arcano 1), para manipular con facilidad y confianza su rasgo o hábito, y de este modo
manejarlo a voluntad.

Así, el criterio al seleccionar la carta adecuada para su propósito
depende de tres factores: las imágenes que mejor se relacionan en las
circunstancias dadas, un entendimiento claro del objetivo que quiere
alcanzar, e incluso un entendimiento más claro de dónde está empezando y por qué.

Lo que está haciendo es alterar su mentalidad. El tiempo que le
tomará tener éxito en su esfuerzo depende de la naturaleza de la situación, su técnica de meditación, y el tiempo que dedique aprendiendo
dicho método. Pero el cambio vendrá más fácilmente y será más duradero con la ayuda del Tarot.

Cada cambio que haga en su psique será más fácil que el anterior. Aprendiendo más acerca del Tarot, y de usted mismo, obtendrá la capacidad de escoger casi instintivamente la carta que necesita, y empleará la mejor forma de usarla.

Mientras tanto experimente, todos podemos usar un poco de ayuda para alcanzar —y a veces identificar— nuestros objetivos y necesidades. El Tarot le da medios efectivos para controlar, mejorar, dirigir e incluso recrear el elemento más importante en su mundo —usted mismo—. Hay situaciones incuestionables en las que fuerzas fuera de su control son responsables de sus problemas. Pero en la mayoría de casos un cambio en usted puede causar un cambio casi milagroso en su ambiente.

El Mago se encuentra en el centro del universo, y todas las cosas se irradian de ahí. Usted es el centro del universo: el punto focal. Cambie el enfoque, y todo lo demás lo seguirá.

A continuación veremos la otra baraja del Tarot: los Arcanos Menores.

Segunda Parte

Los Arcanos Menores

Introducción

Los Arcanos Menores de la baraja del Tarot consisten en 56 cartas que están divididas en cuatro palos de 14 cartas cada uno: Espadas, Copas, Pentáculos y Bastos.

Cada palo es adicionalmente dividido en cartas numeradas y cartas reales. Hay diez cartas numeradas (del As hasta el Diez) y cuatro cartas reales (Rey, Reina, Caballero y Paje) por cada palo.

Como fue mencionado anteriormente, las cartas de los Arcanos Menores fueron las que finalmente se transformaron en las cartas de juego modernas. La relativa "fuerza" de cada palo también ha originado algunos de los juegos de cartas actuales. Por ejemplo, en el Bridge aparecen los palos de Picos, Corazones, Diamantes y Tréboles. Este es el mismo orden de precedencia que siguen en el Tarot: Espadas, Copas, Pentáculos y Bastos, respectivamente.

Muchos libros sobre el Tarot ponen muy poca atención a los Arcanos Menores. Usualmente no verá más que una breve lista de significados para cada una de las cartas. Incluso estas definiciones incompletas varían ampliamente entre un libro y otro.

Parte del problema de las interpretaciones definitivas puede ser debido a que en la mayoría de las barajas, estas cartas no tienen el tipo de ilustraciones que aparecen en los Arcanos Mayores. Las cartas numeradas simplemente muestran el número correspondiente al símbolo de sus palos. La forma es usualmente simétrica, pero básicamente arbitraria, y no refleja la interpretación de las cartas. Aun más, el diseño intrínseco de los símbolos de los palos, varía entre una baraja y otra, y a menudo en la misma baraja.

Las cartas reales también carecen de indicaciones tales como el carácter de los individuos representados. Las ilustraciones no son vistosas, las figuras que aparecen en las cartas no son mostradas desarrollando una actividad determinada, ni tienen apoyos simbólicos o un fondo distintivo. Son simplemente dibujos sencillos de un rey, una reina, un caballero y un paje. Cada carta real es etiquetada en la parte inferior, y cada uno de los cuatro individuos nombrados es mostrado con el símbolo de su respectivo palo.

Al menos una excepción a esto es la baraja de Waite, donde las cartas numeradas sí muestran algún tipo de actividad que involucra cada uno de los símbolos del palo, aunque las cartas reales son las estándar. Aunque Waite admite que estas ilustraciones son algo apócrifas, hubo un tiempo en que todas las cartas del Tarot eran decoradas con ilustraciones, pero fue evidentemente una forma de hacer las cartas más atractivas. Las imágenes fueron en gran parte inventos de artistas, y no explican los significados adivinatorios de las cartas.

Esté o no ilustrada una baraja, hay pocos elementos tradicionales en el diseño de los Arcanos Menores. Varias generaciones de muchos adeptos del Tarot, que trabajaron con estas cartas, han llegado a cierto acuerdo en sus interpretaciones, pero también han producido una gran cantidad de discrepancias. Además, sin un estándar al cual referirse, como en el caso de los Arcanos Mayores, puede ser muy difícil determinar exactamente lo que estas cartas están destinadas a revelar.

También existe la posibilidad de que no haya un arte definitivo, debido a que no había significados de los Arcanos Menores con qué empezar. Después de todo, estas cartas no son un registro de antiguas enseñanzas mágicas. Es posible que desde un comienzo hayan sido cartas de juego. Aunque son una herramienta de adivinación precisa cuando son leídas correctamente, el número de interpretaciones contradictorias da la impresión de que cada lector decidiera lo que las cartas realmente significan.

Cualquiera que sea la razón, hay muchos desacuerdos acerca de la interpretación de estas cartas, e incluso de su aparición en la baraja del Tarot.

Entender los Arcanos Menores

La mayoría de datos de investigación señalan la probabilidad de que los Arcanos Menores del Tarot forman una baraja separada, que fue anexada a los Arcanos Mayores entre los siglos catorce y quince. La manera en que usualmente son interpretadas estas cartas apoya dicha teoría. Generalmente no hay alución al aprendizaje de los arcanos, o al crecimiento espiritual. En lugar de eso, las interpretaciones se enfocan en este mundo, y cuentan situaciones y eventos terrenales.

A través de los siglos se han hecho intentos para encontrar algún significado filosófico superior en los Arcanos Menores, probablemente a causa del obvio significado espiritual de los Arcanos Mayores. Pero estas cartas no son un método de meditación. Dentro del contexto del Tarot, hay una pequeña razón para suponer que los Arcanos Menores son, o fueron, cualquier cosa menos una herramienta de adivinación.

Sin embargo, no significa que los Arcanos Menores no tengan un significado real. Si entiende la razón de la incorporación de estas cartas en la baraja del Tarot, se dará cuenta que no es necesario encontrar o inventar un significado místico para ellos, sus propios significados son suficientemente válidos.

La función de los Arcanos Menores es describir el mundo diario. Proveen un fondo histórico y cultural de la lucha del individuo adaptado a su realidad interior. En efecto, mientras los Arcanos Mayores exploran el alma, los Arcanos Menores ubican la persona dentro del contexto de la sociedad.

Ya que en nuestras interacciones con el mundo exterior necesitamos saber lo que sucederá, es apropiado incluir en el Tarot una manera de descubrir lo que ese mundo tiene almacenado para nosotros. La combinación de una ilustración de la lucha personal, con un fondo de eventos reales, hace que el Tarot sea una herramienta de adivinación tan precisa.

Los Arcanos Mayores son basados en la premisa de que cada individuo es un microcosmos: un universo entero contenido dentro de un ser autoconsciente. Pero también hay un macrocosmos —un universo más grande y a menudo indiferente— dentro del cual todos vivimos. Y sin importar qué pasos pueda usted dar para mejorar, o crecer sobre su propio potencial, todo lo que trate de hacer está siendo inevitablemente influenciado por el mundo más grande del que usted es sólo una parte. Los Arcanos Menores son los que revelan y describen el accionar de ese mundo en un momento dado, y de qué modo lo afectará.

Por consiguiente, las lecciones de los Arcanos Menores no son menos importantes que las de los Arcanos Mayores. Enseñan que ningún evento sucede en un vacío, todo sigue de algo más. Entre más sincero sea un buscador frente a su verdad, más necesitará esta lección, pues las personas que se enfocan en lo mágico y lo místico, a menudo tienden a ignorar, o incluso olvidar, que hay un mundo real alrededor que debe ser tratado al mismo tiempo. Combinando lo místico y lo mundano, el Tarot refuerza la lección de que aunque busquemos otro mundo, aún tenemos que vivir en este.

Cómo iniciar la interpretación de los Arcanos Menores

Los cuatro palos de los Arcanos Menores representaron originalmente las cuatro clases principales de personas en la sociedad medieval. Con unos pequeños ajustes, pueden corresponder también a la sociedad moderna. Los tiempos pueden cambiar y la tecnología avanzar, pero las clases de personas son prácticamente las mismas.

Las Espadas representan la nobleza, con todo su poder absoluto temporal, su habilidad (y tendencia) a hacer la guerra, y controlar, a menudo caprichosamente, las vidas y muertes de todas las otras clases. En la lectura, las Espadas vienen a simbolizar el poder y las fuerzas del odio y la violencia. Estas cartas describen sus enemigos, sean individuos, grupos organizados, o fuerzas impersonales —cualquiera, o cualquier cosa, que quiera hacerle daño o controlarlo para sus propios fines—.

Las Copas representaban el clero, la segunda clase más influyente en la sociedad medieval. Se refieren principalmente a los sacerdotes locales, que hacían lo que podían para aliviar al menos algunos de los males que afligían a sus parroquianos. El palo de Copas viene a simbolizar el poder del amor y la fe. La presencia de estas cartas en una lectura indica que hay individuos, grupos o fuerzas que trabajarán a su favor con el único propósito de cuidarlo.

Los Pentáculos simbolizaban los comerciantes. Ni nobles ni siervos, los comericantes compraban y vendían, abrían rutas comerciales, financiaban muchas empresas, y hacían bastante dinero para ellos mismos. Controlaban el poder económico. Este palo representa la influencia, para bien o mal, de la riqueza material en la vida.

La clase social más baja era la de los siervos y campesinos, representada por los Bastos. Esclavos virtuales, los siervos tenían poca esperanza de mejorar su posición en la vida, a excepción de que se vincularan a la iglesia o huyeran exitosamente, lo cual rara vez sucedía. Los Bastos es una lectura describen la habilidad o el potencial para tener éxito a pesar de grandes desventajas.

Luego, básicamente los Arcanos Menores dividen el mundo terrenal en cuatro grandes categorías: fuerzas que trabajan contra usted, fuerzas que trabajan a su favor, la influencia de posesiones materiales, y la habilidad y determinación para tener éxito. Aparentemente, esto puede parecer una sobresimplificación. Después de todo hay más en el universo físico que sólo odio, amor, dinero y ambición.

Pero estos cuatro elementos son la base de cualquier agrupación social, sea simple o compleja. Por consiguiente, estas son las fuerzas que directamente lo afectan, al estar dirigidas por o para usted. Como en los Arcanos Mayores, los Arcanos Menores tienen que ver principalmente con el individuo. Mientras usted persigue sus objetivos personales, estos son los factores en su ambiente social que lo ayudarán o perjudicarán.

Los cuatro palos de los Arcanos Menores también corresponden a los cuatro elementos. Aquí la conexión histórica llega hasta los rituales de los antiguos druidas: Espada de Fuego, Copa de Agua, plato o Pentáculo de Tierra, y lanza o Basto de Aire. En parte a causa de esta antigua asociación, los eruditos del Tarot creen que los Arcanos Menores son más viejos de lo que parecen.

En cada palo las relaciones de las cartas son similares. Las cartas numeradas describen eventos o situaciones. Estos acontecimientos progresan en un orden coherente y lógico: cada uno es el resultado de los anteriores y la causa de los siguientes.

Las cartas reales a veces describen situaciones, pero también pueden representar individuos específicos que influenciarán el resultado de una serie de eventos.

Cuando las cartas reales representan situaciones, dan a la lectura su "historia", esto es, explican la naturaleza de los asuntos en los que el consultante está involucrado (el consultante es la persona a quien se hace la lectura). Por ejemplo, si las cartas reales del palo de Copas aparecen en la lectura, entonces las reacciones emocionales del consultante frente a personas o eventos, o los sentimientos de otros hacia él, tendrán el mayor efecto en el resultado de la situación. Entre más alto sea el rango de la carta real, mayor será la influencia que tendrán estos asuntos sobre el juicio del consultante, y/o la habilidad para resolver la situación.

Cuando las cartas reales representan personas, entonces éstas poseen algunas, o todas, las características de su respectivo palo. Pero también tienen una inteligencia operante, que deliberadamente pone en juego dichos rasgos. Por consiguiente, en todos los casos, las cartas que representan personas tienen una mayor influencia sobre la lectura que las que describen situaciones o eventos.

La razón es fácil de entender. Si una situación dada es simplemente un suceso, otro suceso la puede anular. Pero si una inteligencia individual está deliberadamente planeando o causando una situación, para cambiarla es necesaria al menos una inteligencia igual y opuesta. Así, cuando las cartas reales señalen el interés activo de otras personas en su vida, lo que sea que estén planeando, para bien o para mal, debe ser tomado cuidadosamente por el lector.

Las cartas reales del Tarot

Las cartas reales son el Rey, la Reina, el Caballero y el Paje. Estas designaciones deben ser entendidas como una descripción literal del tipo de autoridad que cada uno de estos personajes tiene de su propio dominio (o palo).

El Rey es un hombre poderoso que ejerce control absoluto sobre el territorio que gobierna. Incluso si hay otros individuos poderosos en el mismo territorio, el Rey los supera enormemente. Tiene más autoridad que cualquiera en el mismo dominio. Tiene la más alta posición, es reconocido como gobernante, hasta por sus competidores. En los Arcanos Menores, el Rey es el regidor del palo al que pertenece: un hombre poderoso que no sólo posee todo el conocimiento, las habilidades y características de su palo, sino que también tiene los atributos de un grado superior. Además tiene la autoridad necesaria para hacer que las cosas sucedan como elija.

La Reina es la contraparte femenina del Rey. También personifica las características de su palo, y posee un poder monárquico absoluto sobre sus súbditos. Donde el Rey del mismo palo esté presente, ella es la consorte, toma el papel de esposa, apoyando y fortaleciendo las decisiones y acciones del Rey. Cuando no hay Rey en un dominio dado (en este caso en la lectura), ella rige su propio derecho.

En la mayoría de las interpretaciones del Tarot, las mismas características que en el Rey son consideradas virtudes o fortalezas, se convierten en vicios o debilidades en la Reina. Esta tendencia a tomar a mal rasgos de una mujer que son admirados en un hombre existe incluso en nuestros tiempos, pero no es una interpretación precisa. La Reina de cualquier palo tiene exactamente las mismas fortalezas y debilidades que tiene el Rey del mismo palo. Ella debe ser vista como una mujer que encarna todas las características de un gobernante.

El Caballero es un hombre que ha sido elevado a dicha posición por su monarca, gracias a los servicios que ha desarrollado al beneficio de la corona. En el Tarot, el Caballero no es sólo un súbdito real, también es el hijo alegórico del Rey y la Reina. Por consiguiente, esta carta representa a un hombre joven que posee características similares a las de sus padres reales.

Sin embargo, el Caballero tiene estas características en menor grado. Por supuesto, carece de la autoridad absoluta del Rey y la Reina, y en muchas formas, también carece de la madurez de ellos. A causa de su menor habilidad y experiencia, el caballero puede a veces ser más peligroso o menos efectivo, dependiendo del palo, que sus padres reales.

No obstante, no debe ser subestimado. Tiene el potencial de convertirse en lo que ahora son el Rey y la Reina, y tiene toda la razón para creer y luchar por las prerrogativas y posición de su casa. Después de todo, él es el aparente heredero. Todo lo que fomente los objetivos y propósitos de sus padres alegóricos, también sirve para sus propios fines.

Debido a que el Caballero es usualmente mostrado con una armadura y montando un caballo, esta carta tiene varias interpretaciones adicionales, relacionadas con el carácter del Caballero, o que describen situaciones actuales o venideras (si la carta no representa a una persona). El Caballero puede ser visto como un guerrero (específicamente el que se alista para batallar en nombre de su casa). La carta también puede indicar que hay o habrá algún tipo de conflicto. Además, el Caballero podría ser interpretado como un mensajero o intermediario, o la carta podría sugerir mensajes enviados o recibidos. También puede interpretarse con algo relacionado a viajes, cambio de un lugar a otro, o de un tipo de situación a otro. Con las otras cartas de la lectura se aclarará cuál es la interpretación que se debe aplicar.

Observe también que en las lecturas modernas, ha sucedido a veces que la carta del Caballero representa un mujer joven en lugar de un hombre. Si es así, ella tiene las mismas características descritas aquí.

El Paje es el sirviente personal de la familia real. En una monarquía medieval, este joven servidor tenía una alta posición en la familia. El Paje era generalmente un hijo (o hija) menor, que esperaba un aprendizaje: aprendía un comportamiento adecuado y los detalles de los asuntos familiares.

Este es el caso en el Tarot. El Paje es el hijo menor del Rey y la Reina, y tiene las mismas características de otros miembros de la familia, aunque a menor grado. Esta carta puede representar un hombre o una mujer. El o ella será alguien menor o menos experimentado que el caballero. El Paje posee frecuentemente muchas de las características de un niño, o muestra un comportamiento infantil. Está muy orgulloso de ser parte de la familia real. Y este orgullo, dependiendo del palo, puede producir características agradables, o el comportamiento detestable de un niño mimado. De cualquier forma, es alguien que quiere ver que los objetivos de su casa (o palo) sean realizados.

Reuniéndolas, las cartas reales constituyen una familia real. En relación con el consultante, representan los miembros de la familia, o de las personas que tienen el estatus de parientes en la vida del consultante. Esto les da autoridad adicional, por encima de sus propias habilidades para controlar eventos, porque, al menos en esta situación, también tienen una muy fuerte influencia personal sobre el consultante.

Por ejemplo, el Rey y la Reina son figuras paternas. Pueden ser padres reales o individuos tales como empleadores, consejeros, maestros, o incluso oficiales de policía. Cualquier persona que usted respete, tema, y/o tienda a obedecer, especialmente en la situación cubierta por la lectura. Dada la posición social del Rey y la Reina, la persona represenada por estas cartas puede realmente tener una autoridad mayor que un padre, o la que su padre usualmente adopta, al menos en estas circunstancias.

Sin importar quiénes sean, siempre serán individuos maduros. Deben tener la edad suficiente para estar firmemente establecidos en sus posiciones de autoridad e influencia, y para tener hijos ya crecidos. Esto los ubicaría entre los 40 y 50 años, o posiblemente mayores.

El Caballero es también un adulto, pero de una generación menor que la del Rey o la Reina. Su edad oscila entre los 20 y los 35 años. En lo que se refiere a posición social, la carta representa a un hombre (o una mujer) joven que tiene razón para creer, correcta o equivocadamente, que es el siguiente en la línea al trono. Puede ser el hijo de un poderoso individuo, o el aparente heredero de alguna forma. Por ejemplo, en una lectura que tenga que ver con finanzas, el Caballero podría ser un joven ejecutivo de una compañía, con el cual el consultante debe hacer negocios en esta situación.

Esté o no relacionado el Caballero con el Rey o la Reina, es alguien al que escuchan, pues pueden confiar en él para entender sus objetivos y tener una ayuda para realizarlos. Esto significa que, además a sus propias habilidades, él puede también servir como intercesor para que el consultante tenga el favor o la atención de los gobernantes de su casa. O, si la lectura lo muestra en oposición al consultante, puede ser alguien que usa deliberadamente su influencia contra él.

El Paje también tiene cierta influencia, pero generalmente mucho menor de lo que cree. Es alguien que puede ser servicial, o malévolo y malicioso, pero que ni siquiera tiene el grado de autoridad poseído por el Caballero. Si usamos el ejemplo del Caballero como un joven ejecutivo, el Paje sería alguien con posición de recién entrado en la misma compañía. Puede ser una persona a quien se le reconoce su potencial y lealtad, y se le pueden asignar deberes importantes, pero es improbable que sea consultado, o incluso informado, cuando es necesario tomar decisiones vitales.

Esto se debe en gran parte a la juventud e inexperiencia. El Paje puede ser un niño o un joven en crecimiento, pero rara vez, será un individuo que se encuentre en el final de su adolescencia y los 23 años. Como resultado, así el Paje esté emparentado con el Rey o la Reina, o tenga el favor de ellos, las opiniones de esta persona no son siempre tomadas seriamente por los otros miembros de la familia real.

Sin embargo, el Paje debe ser tomado seriamente por el consultante. El puede no ser la mejor arma, pero es alguien cuya amistad tal vez sea beneficiosa, y su enemistad perjudicial.

La relación de cada una de estas personas con el consultante, dependería entonces de la posición social y de la edad de éste. Si es bastante joven (menor de 30 años), el Rey y la Reina deberían tener la edad suficiente para ser sus padres. Si tiene edad para tener hijos ya crecidos, entonces el Caballero, o el Paje, podría representar su hijo, o alguien suficientemente joven para ser su hijo. Si el consultante tiene más o menos la edad de la persona representada por una carta real, obviamente el individuo es alguien de su misma generación, o la carta puede simbolizar al consultante.

No obstante, tenga en cuenta que debido a que las cartas reales pueden no representar miembros de la familia, la edad del consultante no siempre es un factor determinante para establecer las relaciones exactas. Por ejemplo, el Rey es una figura paterna, pero si el consultante es maduro, entonces la persona real que representa puede no tener la edad suficiente para ser el padre del consultante. Podría ser alguien que está en una posición en la que ejerce autoridad de padre sobre el consultante.

Varias fuentes sobre Tarot dan descripciones físicas para los miembros de las cuatro familias reales, como una ayuda para establecer sus identidades exactas. Pero, debido a que puede ser impresionante para alguien decirle que está próximo a encontrarse con una persona de determinadas características, se ha encontrado que dar descripciones físicas específicas, puede a veces desviar la verdadera identidad de las personas representadas en las cartas.

Por ejemplo, las personas en el palo de Espadas son usualmente descritas como morenas, y las del palo de Copas como rubias. Pero en la vida real, un individuo bueno no siempre usa un sombrero blanco, ni el malo usa siempre un bigote negro. Las descripciones físicas de las personas en las cartas reales son más útiles como guías para escoger una carta que represente al consultante. De otra manera, es más preciso considerar el color como una descripción de la personalidad del individuo, en lugar de la apariencia física. En la mayoría de casos, la edad, la posición social, y el carácter, son toda la información necesaria para identificar las personas representadas por las cartas.

Cuando estas cartas aparezcan en una lectura, su primera tarea es determinar si representan personas o situaciones, y si simbolizan personas, averiguar quiénes son en la vida real. La dificultad para lograrlo dependerá de las circunstancias de la lectura. Si la carta representa a alguien que el consultante ya conocía, entonces una vez que haya descrito el carácter y la influencia de esta persona sobre la situación, el consultante usualmente podrá conocer su identidad. Si con todas las descripciones posibles, nadie en la vida del consultante se parece a esa persona, entonces la carta real representa una situación.

Cuando la carta aparezca como una influencia futura, sólo tendrá que esperar para saber lo que representa. Si es una persona, el consultante la reconocerá cuando se la encuentre. Si es una situación, cuando empiece a suceder, el consultante sabrá al menos qué va a enfrentar.

Cómo usar esta guía

Ya que los Arcanos Menores son ante todo una herramienta de adivinación, la siguiente sección se enfoca en lo que estas cartas significan en la lectura.

Hay cinco capítulos en esta parte del libro. El primero (interpretación de los Arcanos Menores) es una guía general para entender y leer las cartas. Incluye una breve explicación de cómo fueron seleccionadas las interpretaciones dadas para cada carta, y cómo usarlas en una lectura. También hay una descripción detallada de un método alternativo que puede usar para interpretar las cartas. Y finalmente, se tratan las ventajas y desventajas de los diferentes tipos de barajas.

Los cuatro capítulos siguientes cubren en detalle los palos de los Arcanos Menores. Como con la sección de los Arcanos Mayores, los cuatro palos son descritos de acuerdo al mismo sistema. Primero hay una explicación de las experiencias personales y culturales que representa el palo, empezando con su fondo histórico, y dando luego su aplicación en tiempos modernos.

Luego, hay una explicación corta de las diversas formas en que se dibujan los símbolos del palo, y los significados simbólicos de dichos diseños.

Finalmente se presentan una por una las cartas de cada palo. Primero son descritas las cartas reales, empezando con el Rey, y luego las numeradas, comenzando con el As. Para cada carta se dan dos interpretaciones separadas pero correspondientes. La primera ("Significado") muestra la intepretación básica, explicando lo que significa independientemente de cualquier lectura. Para las cartas reales esta explicación incluye una descripción del tipo de persona que representa cada carta. Para las dos clases de cartas (reales y numeradas), también se perfila la situación general que revela la carta. La segunda sección ("En la lectura") es una lista de diversas interpretaciones que tiene cada carta en un esquema de Tarot.

Debido a que no hay ilustraciones estándar para los Arcanos Menores, no se ha dado énfasis a la descripción de las cartas. He incluido una descripción general para cada una de las cartas reales,

ante todo para ayudarle a distinguir las cartas de cada palo, y especialmente para diferenciarlas de cartas de Arcanos Mayores que pueden
ser similares (por ejemplo, el Rey y la Reina frecuentemente se aseme-
jan en algunos aspectos al Emperador y la Emperatriz). Sin embargo,
como expliqué anteriormente, usualmente no hay significados simbólicos en las ilustraciones de las cartas reales del Tarot.

De las cartas numeradas sólo el As es descrito. La forma de símbolos de las demás cartas, y las decoraciones que puedan tener, son
usualmente inventadas por el artista que diseñó la baraja y, por consiguiente, no tienen significado místico. Ya que no hay un estándar de
este significado místico, no he incluido en estos capítulos descripciones de barajas ilustradas.

Mientras lea cada uno de estos capítulos, examine las cartas de su
baraja, con el fin de que se familiarice con ellas. No trate de memorizar todas las intepretaciones a la vez. Aprenderá a usarlas con la práctica. Mientras tanto, estos capítulos le sirven como referencia para que
haga sus primeras lecturas de Tarot.

Interpretación

Cuando usted empiece a hacer su propio estudio de los Arcanos Menores, encontrará una curiosa mezcla de acuerdos y discrepancias en los significados de estas cartas. Algunos lectores expertos tienen sus propias y únicas interpretaciones. Otros parecen repetir lo que todos dicen. A veces dos fuentes separadas que discrepan acerca del significado de una carta pueden estar de acuerdo en el significado de otra. Incluso, si usted usa sólo una fuente, aún parece que no puede obtener una respuesta directa acerca de cómo interpretar las cartas, ya que en la mayoría de casos es sólo una larga lista de palabras y frases desconectadas para cada carta, sin explicación alguna sobre sus aplicaciones en una lectura dada.

El tiempo y la experiencia le enseñarán cuáles definiciones, de las tantas disponibles, describen mejor el significado de una determinada carta. Mientras trabaje con el Tarot, también aprenderá a decidir cuál definición se aplica a una lectura específica, y cómo debe ser interpretada en esa situación. Sin embargo, nada de esto es útil si nunca antes ha leído el Tarot. Necesita llegar a un punto en el que pueda comenzar a hacer sus propias interpretaciones de las cartas.

El inicio en el Tarot

Ya que este es un texto para principiantes, no sería útil darle simplemente otra lista de interpretaciones, sin al menos alguna referencia de lo que encontrará en otras fuentes. Por consiguiente, he estudiado cierto número de libros sobre Tarot y consultado lectores expertos para averiguar en qué están de acuerdo y en qué no. Seleccioné las interpretaciones en que concordaban la mayoría de fuentes, eliminando las definiciones que variaban ampliamente (aunque posiblemente han sido precisas en algunas circunstancias).

Por supuesto que no he incluido todas las fuentes del Tarot en esta investigación, pero la lista de significados de cada carta le ofrece una especie de resumen de las definiciones, que muchos lectores e investigadores del Tarot (en los que me incluyo) han encontrado precisas y aplicables. Encontrará esta lista bajo el título "En la lectura" para cada carta.

Pero eso aún lo deja sólo con una larga lista de palabras y frases. ¿Cómo puede elegir qué definición aplicar en una lectura dada? ¿Cómo saber lo que estas definiciones en principio pretenden significar?

Con los Arcanos Mayores usted tiene al menos un entendimiento claro de lo que cada carta significa en sí. Eso es suficiente para poder ajustar los significados adivinatorios a una situación dada.

Para los Arcanos Menores, todo lo que tiene es una descripción general de cada palo. Si puede tener una idea de qué tipo de evento o situación describe cada carta, será más fácil determinar qué parte se aplica a la lectura que está haciendo.

Así, junto con la lista de definiciones, también encontrará una interpretación general de cada carta bajo el título "Significado". Esta interpretación explica la naturaleza de la situación que revela la presencia de la carta en una lectura. Para las cartas reales también se incluye una descripción del tipo de persona que está tratando. Cuando comience a hacer lecturas, puede usar la lista de definiciones, o esta interpretación general, como guía para entender el mensaje que cada carta intenta revelar.

Incluso con todas estas explicaciones, aprender a leer los Arcanos Menores no es fácil, pues las cartas ofrecen pocas indicaciones visuales, lo cual hace difícil para los lectores principiantes (e incluso algunos experimentados) puedan recordar sus significados.

Pero hay una manera de entender y recordar las diversas interpretaciones, y ajustarlas con precisión, sin esperar a tener los años de experiencia necesarios para adquirir el entendimiento instintivo de un lector experto.

Como en los Arcanos Mayores, hay una correspondencia entre los Arcanos Menores y los preceptos generales de la numerología. Incluso más que con los Arcanos Mayores, las definiciones de los números concuerdan con la mayoría de interpretaciones comúnmente aceptadas de estas cartas.

Las correspondencias numerológicas pueden usarse para interpretar cartas de la misma posición, independientemente del palo a que pertenecen. Ya que estas correspondencias son las mismas para cada palo, sirven como mnemónico para recordar los significados básicos de las cartas. También proveen un medio para ajustar las interpretaciones de acuerdo a la lectura. Este método de interpretación de los Arcanos Menores ha probado, con el tiempo, ser un sistema preciso para determinar el significado aplicable de las cartas.

Los números

No tiene que saber mucho de numerología para usarla como una guía a fin de interpretar las cartas numeradas de los Arcanos Menores. Todo lo que necesita son los significados cíclicos de los números. Esto le dará, para cada carta, un cuadro de los eventos que ocurren o la situación que actualmente está en proceso. También le dirá en qué etapa del juego se encuentra, qué tanto han avanzado esta serie de eventos y, por consiguiente, qué tan involucrado se encuentra en este punto en el tiempo.

El palo de la carta le indicará la naturaleza de la situación: qué tipo de fuerzas, actitudes o necesidades están controlando o definiendo los acontecimientos.

Uno —Es el número de los inicios, la acción original, o la creatividad. Si el As en la lectura está al derecho, o la lectura es generalmente favorable, entonces el comienzo en cuestión será propicio. Si la carta se encuentra al revés (o la lectura es desfavorable), entonces la serie de eventos que ahora empiezan —y sus resultados, si no se hace algo al respecto— serán desafortunados.

Dos —Es un número de unión, imaginación e ideas. En una lectura, el Dos indica que algún factor nuevo está a punto de involucrarse en la situación actual —otra persona, un evento, una circunstancia— que tendrá un profundo impacto sobre el curso de los acontecimientos. Si las indicaciones son favorables, este factor será beneficioso para usted. Le ayudará a alcanzar un resultado esperado, a evitar uno no deseado. Si las condiciones son desfavorables, entonces el nuevo factor actuará en su contra. Creará dificultades, impedirá la realización de un objetivo deseado, o aumentará las posibilidades de un resultado negativo.

Tres —Es el número de la expresión, o autoexpresión. Es también la respuesta a los eventos en Uno y Dos —nuevos comienzos, más unión o concepción—. En este punto, la situación en la que se ha involucrado, o que usted ha iniciado recientemente, empezará a tomar su propia forma y dirección. Si la lectura es desfavorable, entonces este es el momento en que todo empezará a salir mal. Aunque las cosas originalmente hayan comenzado bien, se irán en picada a partir de ahora. Si la lectura es favorable, iniciará una época fructífera aunque las cosas hayan iniciado mal.

Cuatro —Es un número de trabajo duro y planes cuidadosos. Por este tiempo, usted tiene un entendimiento básico de la situación en que se encuentra. Ahora es que debe trabajar para hacer que todo salga como desea. Si le gusta la situación en que está, debe trabajar por ella para que se mantenga. Si no es así, debe esforzarse para que finalice o mejore. El Cuatro es también un número de comportamiento no convencional y acontecimientos inesperados. También debe tener cuidado de que un nuevo factor pueda repentinamente entrar en esta situación, para mejorar o empeorar las cosas —sin importar qué tan duro trabaje—. La posición de esta carta en la lectura, y la de las cartas que la rodean, le dirá si es positivo o negativo lo que le espera.

Cinco —Es el número del movimiento, la emoción y la aventura. Si el Cinco adiciona indicaciones positivas a la lectura, entonces sus planes lograrán un resultado excitante, y/o puede esperar realmente disfrutar situaciones y eventos venideros. Si es desfavorable, puede esperar problemas, e incluso la ruina de todo aquello por lo que ha trabajado.

Seis —Es el número de la armonía y el equilibrio (actividades y circunstancias armoniosas). Es también el número del amor y el romance. En una lectura favorable, significa que puede esperar algo de paz después de todas las actividades y emociones. En este tiempo se aclararán malentendidos, entre personas o dentro de su propia mente. En efecto, tiene la posibilidad de detenerse y respirar. Usted hizo sus planes y aprovechó las oportunidades. Ahora puede unir todo en un estado coherente. Sin embargo, si la carta o lectura es desfavorable, hay aún algunos obstáculos adelante. Afortunadamente los Seis nunca son tan negativos como otras cartas, pero las circunstancias que usted enfrenta pueden ser inquietantes.

Siete —Es el número de la soledad y la búsqueda del alma. Esto no necesariamente necesita ser a un nivel espiritual, usted puede también buscar su alma con el psicoanálisis. Sin embargo, indica un período en el que debe considerar seriamente cómo y por qué suceden los acontecimientos. Si la lectura es favorable, el curso de los eventos será casi milagroso, y tal vez se pregunté por qué de un momento a otro las cosas salieron tan bien. Si es desfavorable, entonces hay gran posibilidad de que esté tomando malas decisiones y se engañe a sí mismo. En cualquier caso, es necesario que su fe —en las personas, los acontecimientos, o en sí mismo— sea justificada.

Ocho —Es un número de energía y eficiencia, del uso de la sabiduría adquirida a través de la experiencia. Es también un número de precaución, autodisciplina y seguridad personal. Si la lectura es favorable, entonces es el momento propicio para que vaya en busca de su objetivo, cualquiera que sea. Ahora está adelante en el mundo, y agarrará la oportunidad con las dos manos. Si la lectura es desfavorable, entonces los desafíos y las responsabilidades serán una carga, que le traerán tristeza, e incluso desesperación.

Nueve —Es el número de la terminación. La serie de eventos ha llegado, o está llegando a su resultado inevitable, bueno o malo, y todo está a punto de aclararse. El Nueve es también un número de originalidad e iniciativa, pero también de rasgos contradictorios de vulnerabilidad e ingenuidad. Si la lectura es favorable, entonces, aunque las cosas hayan concluido, aún hay tiempo para hacer una acción adicional, si es necesario, para salvar algo de las ruinas de una mala situación. Si la lectura es desfavorable, aunque haya terminado su tarea, y hecho todo lo que debía o podía hacer, existe la posibilidad de que haya ignorado algo vital, y/o que alguien o algo va a irrumpir a última hora para arruinar todo.

Diez —Es a la vez un final y un comienzo. Es un fin ya que, para bien o para mal, la situación en que ha estado involucrado tanto tiempo ha llegado a su final. Es tiempo de avanzar. Este es un consejo especialmente bueno si está satisfecho con sus circunstancias actuales. Las personas tienen la tendencia a dormirse en sus laureles. También es algo que necesita saber si la serie de eventos hasta ahora han sido personalmente devastadores.

Es un comienzo porque la vida misma es cíclica, y todo lo que experimentamos nos cambia a un nivel mayor o menor. La persona que inicia la siguiente serie de eventos, no será la misma que acaba de terminar esta.

Como número compuesto, el Diez tiene mayor impacto que el Uno. Es un número de altibajos, de bien y mal, de respuestas extremas como odio y amor, orgullo y temor. No permite puntos intermedios. Si la lectura es favorable, entonces usted sabe que puede seguir desde ahora con seguridad y honor. Si es desfavorable, cualquier ganancia será sólo ilusión, y la siguiente serie de eventos también será afectada adversamente.

Cuando las cartas reales representan personas, debe interpretar la influencia en la lectura basándose en las características de dichas personas. Si representan situaciones o eventos, también pueden ser leídas con los números. De nuevo, encontrará que las interpretaciones numerológicas concuerdan con las características de las personas o eventos que normalmente describen estas cartas. Sin embargo, al igual que el Diez, estos son números compuestos, así que su influencia sobre la lectura tiene una dimensión adicional.

Once (El Paje) —Es un número de conflicto y oposición, incluso de traición. Puede indicar dos personas con objetivos en conflicto, o dos situaciones opuestas. Si la lectura es favorable, el conflicto puede ser resuelto, con su propia iniciativa, o con la ayuda de un pariente o amigo. Si es desfavorable, entonces enfrentará muchas preocupaciones y complicaciones. Espere malas noticias.

Doce (El Caballero) —Este es un número de sacrificio. Se le pedirá que renuncie a algo que le importa, o tal vez un amigo o pariente hará un acto egoísta en su nombre. Puede haber planes o intrigas que usted ignora, y en las que está a punto de involucrarse — quiéralo o no—. Si la lectura es favorable, aprenderá algo positivo o beneficioso de todo esto. En una desfavorable, entonces las personas involucradas están trabajando para sus propios fines, y existe la posibilidad que usted esté siendo usado. En cualquier caso, es necesario estar alerta a la situación real. Las personas que verdaderamente le ayudan pueden parecer enemigos, y los que son realmente enemigos pueden pretender estar de su lado. Esté alerta y sea precavido. Tenga cuidado con adulaciones falsas de aquellos que las hacen por conveniencia.

Trece (La Reina) —Como se dijo antes, este no es un número intrínsecamente negativo. Es un número de regeneración y cambio. También es poderoso, y usted está bien advertido para que avance cuidadosamente. Si el poder es usado en forma egoísta, puede traer su propia destrucción. En una lectura favorable, el mal es eliminado para que entre el bien. Si es desfavorable, el resultado es la ruina, con fuerzas maliciosas trabajando contra usted. Si su mundo está a punto de ser puesto al revés sólo por rencor, debe juntar todas sus fuerzas para luchar.

Catorce (El Rey) —Este es un número de desafíos y cambios. Es también un número de suerte. Tanto las ganancias como las pérdidas pueden ser temporales, debido al continuo cambio. Sea cauteloso con quienes tienen autoridad; ellos pueden favorecerlo o estar en su contra. El desafío aquí es que confíe en sí mismo, en lugar de depender de la palabra o ayuda de otros. La "suerte" del catorce incluye negocios con dinero y proyectos riesgosos, pero siempre hay peligro de pérdida a causa del mal consejo de los demás, o la falta de confianza. Si esta carta adiciona indicadores favorables a la lectura, entonces usted enfrentará los desafíos y tendrá éxito, y en el proceso se hará más fuerte y su confianza será mayor. Si la carta es desfavorable para la lectura, se dejará usar, o sus esfuerzos fracasarán. De cualquier forma, encarará una derrota segura.

Si efectivamente aprende a leer los Arcanos Menores "mediante los números", tendrá adicionalmente una herramienta de adivinación. Si no tiene en sus manos su baraja de Tarot, puede usar cualquier baraja de cartas de juego para predecir eventos futuros. Sus pronósticos no serán tan detallados, pues no tendrá la ayuda de los Arcanos Mayores y cuatro cartas de los Arcanos Menores (los Caballeros), pero de todas maneras serán precisos.

Cuando use una baraja ordinaria debe utilizar la Sota como once, la Reina como doce y el Rey como el trece. Para el significado de los palos reemplace Espadas por Picos, Copas por Corazones, Pentáculos por Diamantes y Bastos por Tréboles.

Una nota personal: no lo haga muy a menudo. Es bastante divertido, y puede ser impresionante leer la fortuna con precisión usando una baraja ordinaria, pero también hay desventajas. Si aprende a leer automáticamente las cartas en esta clase de naipes, puede echar a perder un juego placentero.

La elección de la baraja

Hay ventajas y desventajas en las barajas estándar y en las que las cartas numeradas son ilustradas.

Para algunos lectores de Tarot, las ilustraciones en las cartas de los Arcanos Menores pueden clarificar los significados de ellas, o actuar como mnemónicos para recordarlos. Pero también hay una confusión, pues a veces la interpretación de una carta parece contradecir lo que está ilustrado en ella.

Por otro lado, las barajas estándar no ofrecen indicaciones, y hay unas que no aparecen con las etiquetas de las cartas numeradas. A veces da la impresión que los Arcanos Menores representan un misterio mayor que el de los Arcanos Mayores.

Pero la falta de claves visuales puede ser realmente una ventaja. Si usa la baraja estándar, las representaciones estáticas de las cartas numeradas le permiten evocar sus propias imágenes, diferentes para cada lectura, acerca de la situación descrita. La gente experimenta una reacción fuerte ante las ilustraciones (como se dará cuenta cuando empiece a hacer lecturas. Las imágenes de los Arcanos Mayores distraen e incluso perturban consultantes que no entienden sus simbolismos). Hay lectores que piensan que las ilustraciones de las cartas numeradas también causan distracción.

Para los lectores que prefieren una baraja estándar, la desventaja principal es la falta de un derecho y un revés definido en la mayoría de cartas. Sin embargo, si se siente mejor usando cartas al derecho y al revés en sus lecturas, hay formas de solucionar el problema. Puede usar una baraja donde las cartas numeradas no estén diseñadas simétricamente, y así poder distinguir la parte superior de la inferior. O puede establecer arbitrariamente estas posiciones simplemente marcando un lado.

Si encuentra una baraja donde los Arcanos Menores aparecen ilustrados, y usted se siente bien con los simbolismos, sería bueno que la usara. Sin embargo, debería emplear una baraja donde las gráficas ilustren su interpretación de las cartas (o al menos que no sean contradictorias).

Nunca olvide que los Arcanos Menores no son una herramienta de meditación. Las ilustraciones no son derivadas de conocimientos místicos de la antigüedad. El simbolismo empleado es generalmente invento del diseñador de cada baraja. No deje que estas imágenes interfieran su habilidad para entender e interpretar los significados adivinatorios de las cartas.

Leer las cartas

Sin importar qué baraja use, o el sistema de interpretación que emplee, debe aprenderse los significados de las cartas para poder hacer una lectura. Sin embargo, no necesita ningún tipo de entrenamiento especial, erudición, o fondo místico para entender las condiciones y los eventos sociales que describen los Arcanos Menores. Después de todo, es "su" cultura la que está siendo descrita. Usted creció en ella, y vive con ella cada día de su vida. Y si sabe cómo es una situación social dada, puede fácilmente visualizar las circunstancias descritas en una lectura.

Lo único de la lectura que no es parte de su experiencia personal es la naturaleza y las reacciones del consultante. Para entender una situación específica, las cartas de los Arcanos Mayores le dirán con qué clase de persona está tratando (incluso, si hace una lectura para usted mismo, debe seguir lo que los Arcanos Mayores le dicen acerca del "consultante").

Para todo lo demás, tiene el conocimiento que necesita para interpretar la información que las cartas le darán. No tema hacer sus propias modificaciones mientras aprende más acerca de las aplicaciones del Tarot. Sus ideas son la herramienta más valiosa que tiene para interpretar el Tarot.

Las Espadas

De los cuatro palos, el de las Espadas es el más poderoso —y el más peligroso—. Representa poder mundano, que a menudo es usado para propósitos egoístas. En una lectura, las Espadas advierten peligros, desgracias, enemigos, e incluso violencia y muerte.

El palo de Espadas, originalmente palo de la nobleza o clase guerrera, alegoriza los peores aspectos de esta hereditaria clase superior. La nobleza medieval gobernaba su mundo con, literalmente, puño de hierro. Cualquiera que no fuera miembro de su clase no merecía consideración alguna. Las clases inferiores fueron explotadas, no tenían derechos ni recursos, y sus miembros no eran considerados personas frecuentemente. La clase guerrera tuvo ante todo una lucha interna —pero esto fue de poca ventaja para los campesinos que se veían atrapados en el medio, y todo lo que se atravesaba era destruido—.

Hay paralelos entre este tipo de personas en la sociedad moderna. En términos de clases de personas, las Espadas pueden representar figuras políticas poderosas tales como dictadores, grupos extremistas (organizaciones terroristas o intereses de poder que las patrocinan y usan), o crimen organizado. Es decir, personas o grupos que piensen que sus fines son lo único que importa, especialmente si están en posición de poder, o si han de usar la fuerza, o cualquier otro medio disponible, para conseguir y conservar el poder. A nivel personal, las cartas de Espadas representan falsos amigos, socios traicioneros, o individuos peligrosos para el consultante. En cualquier caso, este palo describe personas que siempre harán lo mejor para sí mismos, y no lo que es justo, sin importar quién se ve afectado en el proceso.

Las personas representadas por las Espadas son egocéntricas y crueles (sin intención o deliberadamente). No son de fiar y pueden ser violentas. Son personas que luchan por sus propios intereses en forma egoísta. No les importa lo que pueda suceder con los demás al conseguir lo que desean. Esta clase de individuo se complace en hacerle daño a los demás, y sólo brinda ayuda si se ve beneficiado.

Los eventos y las situaciones que representan las Espadas no son simples obstáculos en su camino, pueden ser activamente peligrosos e incluso mortales. En términos generales las Espadas representan enfermedades, desastres naturales, y otros problemas serios (y a veces violentos), incluyendo la muerte. Incluso si el problema no es tan serio, o es obviado por otras cartas en la lectura, las Espadas indicarán al menos frustración, ansiedad, tensión y disputas.

Si este palo representa al consultante, éste no es una persona buena —desde luego que en esta situación, y tal vez en otras no—. Sin embargo, observe que el furor y la venganza indicados por este palo pueden ser causados por la misma situación. Otras cartas en la lectura le dirán si el consultante tiene una verdadera razón para estar enfadado (por ejemplo, si ha sido agraviado), o si esta persona es por naturaleza peligrosa y traicionera.

En general, el palo de Espadas es desfavorable y amenazador, y cuando aparecen estas cartas en la lectura, algo desagradable está por suceder. Lo que las hace aún más peligrosas, es que no sólo contienen indicaciones de problemas y desgracias, sino también elementos de poder y autoridad. Las personas y situaciones tienen la voluntad y los medios para causar un gran daño.

Descripción del símbolo del palo

Excepto en el As, las Espadas son casi siempre representadas como sables de doble filo envainadas. Cuando es una sola, como en el As (o en el caso de barajas ilustradas), es usualmente mostrada como espada ancha sin vaina.

Las Espadas nunca son mostradas como estoques (armas sutiles), sino como Espadas de batalla, armas cortantes y asesinas, poderosas Espadas militares, etc. El palo de Espadas alegoriza el poder absoluto que corrompe todo.

El Rey de Espadas
representa un hombre
con poder y autoridad, o
una situación que es
potencialmente peligrosa.

Rey de Espadas

Descripción

La mayoría de barajas muestran un hombre maduro "en garde" sobre un trono o una silla. Aparece con una armadura completa, usando un casco con una corona sobre él. Sostiene una espada hacia arriba con la mano derecha, y su posición parece indicar que está listo para levantarse y atacar en cualquier momento. Su expresión es fiera y decidida.

Significado

El Rey de Espadas es un hombre con autoridad y poder, en términos de la vida personal y profesional del consultante. Es alguien acostumbrado a dar órdenes y a ver que sean obedecidas. El consultante lo verá como alguien cuyos motivos no siempre son claros, a veces parece un aliado poderoso, pero en otras ocasiones luce como un enemigo inescrupuloso. Sin embargo tenga cuidado, pues cualquier cosa que este hombre haga o diga es para su propio beneficio. Por eso atropella a todo aquel que se atraviese en su camino. Es un hombre que juzga situaciones y a quienes están bajo su autoridad. Sin embargo, a diferencia del símbolo de Justicia de los Arcanos Mayores, no maneja escalas equilibradas. La justicia que acepta es la que lo beneficia.

Si esta carta no representa una persona real, entonces indica que usted se encuentra en una situación extremadamente precaria, tal vez de vida o muerte. Está advertido para que se proteja, pues verdaderamente está en peligro.

En la lectura

Al derecho: un hombre con poder, autoridad e inteligencia. Un hombre con posición para llevar a cabo juicios (tal vez alguien con autoridad legal, conexiones políticas, etc). Si quien consulta es un hombre, el Rey de Espadas puede representar alguien ambicioso que quiere y puede ser un rival peligroso que perjudica negocios o relaciones personales. Si es una mujer, está advertida para que no se involucre personalmente con este hombre: él será alguien incompatible o que no vale la pena, y en el peor de los casos será potencialmente peligroso para ella. Las cartas acompañantes definirán la naturaleza del peligro.

Si la carta no representa una persona, entonces la situación misma es potencialmente perjudicial. Espere preocupaciones, penas, e incluso peligro físico.

Al revés: un hombre malo, o con propósitos malos. Crueldad, perversidad, barbaridad. En efecto, los mismos poderes, pero definitivamente usados para causar daño.

*La Reina de Espadas
representa una mujer con
poder y autoridad, o un
símbolo de pérdida
personal, situaciones
emocionalmente
devastadoras.*

Reina de Espadas

Descripción
Una mujer madura, coronada y con vestimentas reales. Puede aparecer parada o sentada sobre un trono. Al igual que el Rey, sostiene una espada hacia arriba en su mano derecha. Su mano izquierda está usualmente levantada en un gesto de juicio. Su expresión es atenta, y puede ser vista como de enojo o severidad.

Significado
Como el Rey, esta es una mujer que ejerce su poder y autoridad para favorecer sus propósitos. Será percibida por el consultante como una mujer maliciosa, dominante o rencorosa. Si esta carta no representa una persona, es un símbolo de viudez, pérdida personal, o situaciones devastadoras emocionalmente. [Nota: la carta del Rey representa peligro físico, y la de la reina peligro emocional.]

En la lectura

Al derecho: una mujer rencorosa y malévola, y que está en posición de causarle un gran daño. Es cruel y despiadada. Si quien consulta la lectura es un hombre, está advertido para que no establezca ningún tipo de relación personal con esta mujer. Si la lectura es para una mujer, la carta indica la traición de una persona que ella consideraba amiga.

Si esta carta no representa una persona, entonces las indicaciones son de tristeza y desconsuelo, separación y privación, viudez y llanto.

Al revés: una mujer mala, con el poder y la intención de causar daño. Malicia, engaño. Una situación que le causará intensa tristeza, o al menos gran desconcierto.

*El Caballero de
Espadas representa
a alguien que lo
perjudicará, o una
advertencia de enemistad
y oposición.*

Caballero de Espadas

Descripción

La mayoría de barajas muestran el Caballero con una armadura completa sobre un caballo furioso o encabritado. Aparece desafiando a un atacante o enemigo. Su expresión es de enojo, e indica que está decidido a ganar la confrontación. Lleva su espada levantada en posición de ataque.

Significado

El Caballero de Espadas es un hombre más joven con los mismos atributos de sus padres simbólicos: egoísta, traicionero y cruel. Debido a que es más joven, no parece que tuviera el tipo de poder y autoridad necesario para causar daño. Pero dentro de su esfera de influencia lo hace, y probablemente es respaldado por otros que pueden ayudarlo a ser incluso más perjudicial (o a escapar de las consecuencias del daño hecho). Es alguien que está probando sus habilidades para convertirse en lo que son el Rey y la Reina, así que es posible que sea menos sutil y más violento: un espía, un enemigo, un fanático, alguien que perjudicará al consultante. Si esta carta no representa a una persona, entonces advierte enemistad y oposición. Si las cartas circundantes en la lectura son negativas, el Caballero de Espadas anuncia destrucción o muerte.

En la lectura

Al derecho: un hombre joven traicionero. Un falso amigo. Un individuo ingenioso y valiente, y muy activo en sus propios intereses. Está preparado para arrollar a cualquiera que se atraviese en su camino. Tiene cualidades de liderazgo, puede convencer a los demás para que lo sigan, lo cual lo hace muy peligroso para aquellos que considera enemigos. Observe que una de las cosas que lo hace peligroso es que incluso el consultante puede admirar a esta persona. Lo mejor es que si puede se oponga a él en lugar de seguirlo. Sus seguidores no salen más beneficiados que sus enemigos. Si esta carta no describe a una persona real, predice conflicto, oposición, y la posibilidad de destrucción o muerte.

Al revés: extravagancia, imprudencia, incapacidad, poco liderazgo. Una persona presumida o imprudente (o una advertencia de presunción o imprudencia). De nuevo, está advertido para que cuide su espalda, tiene un enemigo influyente y peligroso, o se encuentra en una situación potencialmente explosiva.

*El Paje de Espadas
representa a un individuo
que finge ser amigo;
malas noticias.*

Paje de Espadas

Descripción
La mayoría de barajas muestran a un hombre joven parado con confianza, y sosteniendo una espada hacia arriba con su mano derecha, pero a veces aparece cogiendo el pomo con las dos manos. Usualmente es mostrado sin armadura, pero sí bien vestido, y a menudo usa los mismos colores que el caballero. Muchas barajas tratan de representar un sentido de autoimportancia en esta figura. El Paje también tiende a ser algo afeminado. En muchas barajas su actitud es la de alguien que observa un enemigo, o espera que aparezca en cualquier momento.

Significado
Un hombre o una mujer joven, con menos madurez, pero con las mismas características de las otras cartas reales. El Paje no es tan poderoso, pero puede ser desagradable: muestra las características de un individuo rencoroso, malévolo y entrometido. Al igual que sus padres simbólicos y el Caballero, puede ser atrayente con su personalidad: entusiasta, activo y seguro de sí mismo. Pero este joven individuo es

un maestro de la hipocresía y las indirectas. El Paje es una persona que dice ser influyente y poderoso, su amistad es fingida en favor de sus intereses. Como compañero en una empresa, obstaculizará al consultante deliberadamente (o mediante la pereza y despreocupación).

Si no se trata de una persona, espere malas noticias, rumores maliciosos y traición.

En la lectura

Al derecho: una persona joven rencorosa y traicionera. Alguien que le hará daño al consultante (o tratará de hacerlo), producto de la envidia o el rencor. Si no es su enemigo, él es perfectamente capaz de hacer que lo sea. Si la carta no representa una persona, espere rumores maliciosos o malas noticias. También puede indicar enfermedad.

Al revés: las mismas malas intenciones, o malas noticias, pero intensificadas. Todo sucederá en el momento en que esté menos preparado, y de la dirección menos esperada.

*El As de Espadas
representa el triunfo a
través de la Fuerza.*

As de Espadas

Descripción
La mayoría de barajas muestran una mano agarrando la empuñadura
de una espada dirigida hacia arriba. En la parte superior de la ilustración aparece una corona alrededor de la punta de la espada. La espada
o la corona, o ambos objetos, están decorados con ramas o vides, fru-
tas o bayas, y a veces sólo con hojas.

Significado
Es un carta de triunfo, en un grado casi excesivo. Lleva con ella el concepto de triunfo a través de la fuerza: física, de voluntad, de posición o
circunstancias. Usted empieza este ciclo como rey de la montaña: ha
logrado una gran victoria o alcanzado una alta posición, y siente (o
sentirá) la euforia y el poder de su conquista. Este Arcano Menor
representa también prosperidad y fertilidad. El triunfo puede referirse
a cualquier área de su vida: profesión, amor, dinero, o cualquier actividad en que esté involucrado. En efecto, en este palo usted (parece)
comenzar donde otros terminan, y con ello parece ser, por ahora, que
todos sus objetivos están realizados.

En la lectura

Al derecho: triunfo, prosperidad, conquista, fertilidad. Un nacimiento (un niño, una idea). Un gran poder disponible y/o usado en cualquier área que escoja, desde el amor hasta el odio. Sentimientos extremos, considerando esta situación y otras personas de su entorno.

Al revés: lo mismo pero con resultados desastrosos para el consultante. El comienzo de relaciones tensas y conflictos emocionales consigo mismo y con los demás.

*El Dos de Espadas es
generalmente favorable,
indica amistad y unión.*

Dos de Espadas

Significado

Es una carta generalmente favorable, indica amistad y unión. Una alianza con un compañero de batalla para alcanzar un objetivo mutuo, o al menos, el reconocimiento de que hay un objetivo común por el cual luchar. Sin embargo, hay que tener cuidado, ya que las Espadas usualmente no son una buena señal en lo referente a relaciones humanas y amorosas. Considere una alianza basada en el beneficio mutuo del consultante y una persona o grupo de personas. Imparcialidad por parte de un posible oponente, o un punto muerto que es resuelto uniendo fuerzas. Si la carta es negativa (al revés), tenga cuidado con una traición, en esta situación o en una próxima.

En la lectura

Al derecho: amistad, unión, alianza. Valor, armonía, incluso intimidad. Imparcialidad y no antagonismo por parte de un posible oponente, o tal vez un punto muerto o estancamiento (del oponente) que le deja libre movimiento. Oposición que no durará, o no es suficientemente significativa para obstaculizarlo.

Al revés: engaño, deslealtad, falsedad. Calumnia e hipocresía de un aparente aliado. Mentiras, traición, deshonor.

*El Tres de Espadas
indica desintegración
de alianzas.*

Tres de Espadas

Significado

Esta es una carta de ruptura, separación. Alianzas previamente esta-
blecidas que se desintegrarán debido a disputas, intereses opuestos, o
conflictos entre las partes. No era una unión estable para comenzar,
pues era basada en intereses egoístas de una de las partes, o tal vez las
dos. Ahora viene la ruptura. Proteja sus intereses, porque eso es lo que
está haciendo su anterior compañero. Será una época confusa y per-
turbante, y las cosas pueden salir muy mal como resultado de esta
separación si no mantiene su cabeza firme.

En la lectura

Al derecho: separación, ruptura, divorcio, destitución. Demoras y
rupturas en relaciones personales y comerciales. Dispersión de propiedades y poder. Disputas, infidelidad, dolor. Un posible "triángulo
amoroso" —una persona (evento o interés) entra en escena y puede
ser la causa de la separación, que no será amigable: espere peleas, ira, e
incluso odio—.

Al revés: confusión, desorden mental, errores, distracciones. Puede ser muy difícil ver claramente lo que se debe hacer. Si es así, sus pérdidas serán mayores. Esta es la ruptura de una sociedad: mantenga su mente despejada o podría perder más de lo que debiera.

*El Cuatro de Espadas
significa que es necesario
contemplación y
vigilancia, o un período
de recuperación.*

Cuatro de Espadas

Significado

A partir de ahora tendrá que resolver sus problemas y planear sus acciones sin ayuda alguna. Usted necesita soledad y tranquilidad. Esta es una carta de contemplación y vigilancia, casi el retiro de un Ermitaño. También indica un período de recuperación necesario, después de una situación que acaba de atravesar. Use este tiempo para arreglar sus cosas y hacer planes más sabios. No espere las alturas en las que ha estado hasta ahora, ya que esto ha probado no ser bueno para usted. Si busca la misma exaltación, podría encontrarse en la misma situación desagradable.

En la lectura

Al derecho: soledad y tranquilidad. Exilio, retiro, la necesidad de pensar y planear. El planeamiento cuidadoso le traerá el éxito frente a su enemigo. Convalecencia. Precaución, economía, prudencia; todo esto es necesario ahora.

Al revés: codicia. Sueños negativos. Tal vez una corta enfermedad o problemas financieros temporales. La envidia y los celos mezquinos —de su parte o de otras personas— pueden afectar adversamente sus planes. El resultado serán desgracias menores.

*El Cinco de Espadas
predice el fracaso de sus
planes, gran pérdida,
ruina o desgracia.*

Cinco de Espadas

Significado

Esta es una carta de ruina y desgracia. Predice el fracaso de sus planes, una situación triste o trágica, y/o una gran pérdida. Las cartas circundantes (esto es, otros eventos o individuos) pueden mitigar estas pérdidas; pero va a atravesar muy malos tiempos, y todo lo que puede hacer es enfrentarlos lo mejor posible.

En la lectura

Al derecho: dolor, llanto, situación trágica. Degradación, destrucción, deshonor. Posibles peligros ocultos además de los que puede preveer. Desánimo y frustración.

Al revés: lo mismo. Su enemigo ha sido vencido por un tiempo, pero ahora es el ganador.

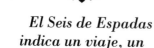

*El Seis de Espadas
indica un viaje, un
visitante o un mensaje.*

Seis de Espadas

Significado

Aquí las cosas comienzan a cambiar, pero es incierto si para bien o para mal. Tal vez hará un viaje, o recibirá un visitante o mensaje. Sea lo que suceda, está saliendo lentamente de la mala situación en la que se ha encontrado recientemente. Algunas interpretaciones de esta carta también incluyen "una propuesta de amor", en un sentido romántico, o de alguien que ofrece una verdadera lealtad. Si el viaje es realmente de un lugar físico a otro (y no un cambio en su orientación mental o emocional), la mayoría de interpretaciones concuerdan que probablemente será por agua (o sobre ella, considerando las posibilidades del modernismo).

En la lectura

Al derecho: un viaje cuyo destino es incierto. Un cambio con efectos desconocidos. Un mensaje recibido. Escape, alivio. Un cambio puede volver inofensivo a su enemigo. A veces esta carta trae suerte a pesar de los fracasos anteriores.

Al revés: una confesión, una declaración. Tal vez una propuesta amorosa. En cualquier caso, una sorpresa.

El Siete de Espadas significa esperanza y confianza renovada.

Siete de Espadas

Significado

Esta es una carta de esperanza y confianza renovada. Lo peor parece haber terminado. Si se basa en su confianza, en sus planes, o en el entendimiento de la situación (su experiencia con ella), puede aún tener éxito. Tenga cuidado con el exceso de confianza, y no trate de farolear. Sus experiencias le han enseñado lo que necesita saber, y su fortaleza puede hacerlo triunfar. No hable demasiado acerca de lo que necesita o planea hacer; barbullar sólo beneficiará a sus enemigos.

En la lectura

Al derecho: esperanza y confianza. Nuevos intentos por superar fracasos anteriores esta vez pueden ser exitosos. Posiblemente buenos consejos (suyos o de otra persona). Puede usar la instrucción para arreglar las cosas.

Al revés: calumnia. Un plan que puede fallar; molestias. Demasiada confianza que lleva a la inestabilidad de sus asuntos.

*El Ocho de Espadas
advierte calamidades
inesperadas.*

Ocho de Espadas

Significado

Otra carta negativa y peligrosa. En este caso, está advertido de calamidades generales, tal vez inesperadas, tales como enfermedades o heridas. También puede recibir malas noticias, o tener pérdidas. Aún tiene enemigos afuera que tratan de derrotarlo. Amigos falsos pueden convertirse en sus enemigos. La única ventaja de esta carta es que los problemas son temporales, y pueden ser evitados si toma las debidas precauciones. Este arcano es una advertencia de que las cosas pueden salir mal. Si cuida su espalda, seguirá siendo una advertencia y no un hecho. Examine todos sus asuntos detalladamente y sin demora.

En la lectura

Al derecho: enfermedad, herida. Malas noticias, crisis en sus asuntos, conflicto. Posibles pérdidas. Sin embargo, la situación es temporal, y tal vez pueda ser evitada. Esté atento.

Al revés: traición y oposición, que se originan inesperadamente, de una dirección imprevista. Accidente o fatalidad. Incertidumbre.

El Nueve de Espadas
anuncia muerte, fracaso,
desesperación total.

Nueve de Espadas

Significado
El Nueve de Espadas es considerado, en la mayoría de interpretaciones, la peor carta de la baraja. Anuncia muerte, fracaso o desesperación total. Incluso entre las mejores cartas, puede significar enfermedad, pérdida de dinero o propiedades, tristeza. También indica la presencia de un enemigo implacable (una persona real, o en forma de una simple mala suerte). Los proyectos influenciados por este arcano están inevitablemente ligados a sus desgracias. Lo mejor que puede esperar es tener fortaleza interior para hacer frente a la tormenta. Nota: si ha hecho algo que no debía hacer (o lo está planeando), esta carta significa que será capturado y castigado: el implacable enemigo puede no necesariamente ser el malo aquí, si el consultante es el malvado.

En la lectura
Al derecho: muerte, desesperación, fracaso total. Demoras y decepciones. Un enemigo implacable. Destino fatal.

Al revés: vergüenza, temor, duda, recelo. Una persona poco confiable influenciando su situación.

*El Diez de Espadas
predice dolor, lágrimas y
aflicción, actualmente o
en el futuro próximo.*

Diez de Espadas

Significado

La serie de eventos que iniciaron con triunfo, finalizan en miseria. El Diez de Espadas predice dolor, lágrimas y aflicción, actualmente o en el futuro próximo. No es necesariamente una carta de muerte (como el Nueve), pero sí indica pena, fracaso y desolación. En el mejor de los casos esta carta solamente anula la buena suerte. En el peor, intensifica las desgracias predichas por otras cartas desfavorables. Incluso las amistades y otras relaciones estrechas serán temporales, o insuficientes para ayudarlo a superar esta triste finalización de sus planes y esquemas. Cualquier ganancia será corta. Lo que es peor, este desastroso final puede disminuir su confianza personal de aquí en adelante. Deberá trabajar duro para evitar que eso le suceda.

En la lectura

Al derecho: lágrimas, dolor y penas, le esperan al consultante. Aflicción, miseria y desolación. Ruina y desgracia. Relaciones inseguras con los amigos. Sus planes finalmente fracasarán. Todo está perdido.

Al revés: una posible ganancia, pero sólo temporal. Cualquier beneficio o éxito no será permanente.

Las Copas

El segundo palo más fuerte de los Arcanos Menores es exactamente opuesto al palo de Espadas. Llamado el palo del amor y la felicidad, las Copas representan el amor en todas sus formas, no sólo lo romántico. En una lectura, estas cartas también señalan un verdadero humanitarismo, bondad y curación (emocional y física), amistad o una fuerte atracción.

El símbolo de la Copa representaba originalmente el clero en la sociedad medieval —la Copa o cáliz que contenía el vino sacramental—. Ya que la mayoría de religiones usan una Copa (o cáliz) en sus ritos, "clero" puede referirse a cualquier fe moderna. Así como las Espadas representan los peores aspectos de la clase guerrera, las Copas describen los mejores aspectos de la clase religiosa. Este palo alegoriza la devoción desinteresada, e incluso, en algunas situaciones, la protección divina.

En tiempos medievales, las posiciones de poder dentro de la iglesia eran reservadas para la nobleza, y las reglas de la iglesia podían ser tan egoístas y peligrosas como la clase secular de la cual se originaron. Sin embargo, las personas representadas por este palo no son de esa clase. Las Copas simbolizan sacerdotes locales de parroquia, que usualmente provienen de las clases bajas. El sacerdote local tenía un entendimiento personal de la vida de las personas que atendía. Él podía, y a menudo lo hacía, actuar como intercesor, no sólo entre sus

parroquianos y Dios, sino también entre los desamparados y baro-
nes. Aun así tenía que someterse a la autoridad de los superiores
tanto en la iglesia como en la nobleza —razón por la cual este es el
segundo palo más fuerte, no el primero— pero ayudaba cuando
podía a quienes estaban a su cuidado. La iglesia también funcionaba
como una institución de caridad, y a menudo servía como refugio
para miembros de todas clases cuando no tenían a dónde ir.

En tiempos modernos, las Copas representan cualquier individuo
o clase de persona que actúa con amor por los demás. Simbolizan
filántropos, organizaciones de caridad, grupos humanitarios, e insti-
tuciones similares, con la estipulación de que la razón para sus actividades sea que verdaderamente desean beneficios a los demás, y no
obtener una ganancia de ellas. A nivel personal, las cartas de Copas
describen miembros cercanos de la familia, amigos verdaderos, o
amantes —alguien que se interese sinceramente por el consultante.
En general, este palo revela la devoción altruista hacia un individuo
o ideal.

Si una carta de Copas representa una persona, describe a alguien
que es generoso y afectuoso por naturaleza. Es una persona con la que
usted puede contar en momentos críticos, le ofrecerá apoyo emocional y, si está dentro de su alcance, otros tipos de ayuda. Sin embargo,
esto no significa que está tratando con alguien fácil de dominar. Es
posible que una persona de este tipo también se enoje, si existe causa.
No obstante, casi siempre su ira será en defensa de alguien o algo de su
cuidado, y/o contra algún peligro real que amenaza a lo que ama. Sin
embargo, observe además que los consejos de alguien que realmente
lo protege, podrían no ser buenos para usted. Las cartas circundantes
revelarán si el amor es o no sabio y verdadero.

Las situaciones y los eventos descritos por las Copas son generalmente favorables. Este palo representa cosas buenas en su vida: amor,
felicidad, buena salud, amigos verdaderos y lugares agradables. En una
lectura, estas cartas indican felicidad para el consultante o, al menos,
mitigación de circunstancias tristes.

Cuando una carta de Copas represente al consultante, entonces él
(o ella) es básicamente una buena persona y probablemente cariñosa
(en esta situación y posiblemente en general). Este palo también indica que el consultante puede experimentar fuertes sentimientos positivos frente a las personas o situaciones que lo involucran. De nuevo, las

cartas circundantes mostrarán si el consultante es sabio o está equivocado respecto a sus sentimientos en esta situación.

El aspecto curioso de este palo es que se ve afectado por la propia actitud del consultante. Ya que las Copas se refieren a todos los aspectos de la vida emocional, la mayoría de personas que consultan lecturas, desean saber acerca de sus oportunidades en el amor. Sin embargo, casi todas las interpretaciones de estas cartas indican que las personas son cautelosas respecto al amor. Usted encontrará que las Copas anuncian una y otra vez que el consultante podría ser feliz sólo con reconocerlo y aceptarlo.

En general, estas cartas son positivas en todas las lecturas. En el mejor de los casos, indican fuertes alianzas, y personas o circunstancias que rodean al consultante, que deliberadamente estarán a su favor. También pueden reducir los males mostrados por las cartas de mal presagio. En el peor caso, el amor puede ser equivocado, o la ayuda podría no ser suficiente para superar una situación realmente mala. Sin embargo, estas cartas no muestran rencores, y sí pueden a menudo hacer que sea más fácil resistir algunas situaciones bastante adversas.

Descripción del símbolo del palo

En la mayoría de barajas, las Copas son representadas como cálices grandes, a menudo muy bien decorados, y usualmente de oro. Son cálices con amplias bocas y un pie que puede ser fácilmente rodeado por la mano, y levantados sobre una base estable. Dan la impresión de riqueza y belleza. El simbolismo sugiere que con el amor se obtiene la verdadera riqueza.

Observe también que rara vez es difícil diferenciar el derecho del revés en este palo, ya que los cálices son normalmente mostrados con la misma posición en todas las cartas. Algunos palos incluyen además representaciones de agua (elemento correspondiente a este palo), real o simbólicamente, al menos en las cartas reales, y a veces en las numeradas. El palo de Copas alegoriza amor verdadero, romántico o familiar, y a menudo devoción desinteresada.

*El Rey de Copas
representa un hombre
justo y bueno, o una
situación que involucra
justicia, honor
o inteligencia.*

THE KING OF CUPS

Rey de Copas

Descripción

La mayoría de barajas muestran un hombre maduro sentado en un trono. A veces el trono es mostrado en una orilla, o efectivamente flotando sobre agua. Puede o no aparecer coronado. Por lo general las barajas muestran algún tipo de sombrero elaborado, con o sin una corona. Usualmente este Rey es mostrado sin armadur. Si la usa, generalmente se trata de sólo una parte, por ejemplo un peto. Casi siempre aparece usando togas reales.

Sostiene el cáliz (o copa) en su mano derecha. En algunas barajas parece como si lo exhibiera a quien ve la carta, en otras descansa sobre sus rodillas. Generalmente aparece también con un cetro en su mano izquierda. Sea o no así, esta mano descansa sobre el brazo del trono. La actitud del Rey de Copas es de relajamiento y despreocupación, parece sentirse bien consigo mismo. Su expresión es usualmente apacible. El aspecto de esta figura es realmente agradable, no muestra en lo más mínimo una actitud amenazante.

Significado

El Rey de Copas debería traer a la mente un hombre paternal, justo, y con disposición amable ante el consultante. Si él no es su padre, asume el papel de un padre cariñoso y honesto, o lo ha hecho en el pasado. Es alguien por el cual usted siente verdadero afecto, y que a su vez le retribuye dicho sentimiento. Es un hombre en el que se puede confiar completamente. El favorece al consultante, y en general tiende a ser bueno y generoso en sus relaciones. La mayoría de interpretaciones describen también al Rey de Copas como un hombre culto, interesado en el arte y la ciencia, y que posee una inteligencia creativa. Si esta carta no representa una persona, las mismas circunstancias son altamente favorables para cualquier actividad que usted tenga en mente.

En la lectura

Al derecho: un hombre justo y honesto, que tiene, o ha tenido, una buena disposición hacia el consultante, y le manifiesta sentimientos paternales. Es responsable, maduro, inteligente y probablemente culto, y como resultado tiene habilidades y conexiones que usted necesita en este tiempo. Su aparición en la lectura indica que tiene la buena voluntad de ayudarlo de alguna forma, o la tendrá si le pide ayuda. Si la carta no representa a una persona, entonces la situación involucra justicia, honor, aprendizaje y entendimiento, inteligencia y acción inteligente. En pocas palabras, la autoridad usada justamente.

Al revés: un hombre engañoso, en quien no se puede confiar. Un hombre deshonesto e hipócrita, que lo estafará, o le causará pérdidas en su carrera o en sus relaciones personales. Injusticia, vicio, un próximo escándalo.

*La Reina de Copas
representa una figura
maternal, inteligente y
culta, o un ambiente en
el que usted se siente o
debería sentirse seguro.*

Reina de Copas

Descripción

La mayoría de barajas muestran una mujer madura, a veces parada, pero más a menudo sentada sobre un trono. Aparece bien vestida, frecuentemente con togas, y usando casi siempre una corona. La Reina sostiene la copa en su mano derecha. Si está parada, la dirige hacia quien mira la carta, como ofreciéndola. Si está sentada, la copa descansa sobre una rodilla, o es sostenida con ambas manos. Algunas barajas muestran la copa de la Reina con una tapa o cubierta redondeada. Si la reina sostiene la copa sólo con una mano, entonces la otra sostiene un cetro, o algún otro símbolo de rango. En casi todas las barajas es mostrada observando la copa, como si la contemplara o viera imágenes en ella. Su expresión es apacible, como la del Rey, y a menudo sonríe, mostrando una actitud amigable, e incluso afectuosa.

Significado

La Reina de Copas evoca la imagen de una mujer buena y generosa que tiene un interés maternal por el consultante. Si ella no es su pro-

pia madre, es una persona preparada para ayudarlo, aconsejarlo y cuidarlo. Es una mujer por la que usted siente afecto, e incluso amor, y
con la cual se siente aceptado, protegido, y emocionalmente seguro. La
Reina de Copas es una esposa amorosa, buena madre y amiga fiel. Es
inteligente y culta, es alguien que sabe cómo amar sabiamente, y que
puede dar buenos consejos al consultante en asuntos del corazón.
También puede ser algo visionaria, sus proyecciones son regidas por
un juicio maduro, y tienden a ser precisas.

Si quien consulta la lectura es un hombre, esta carta representa a su
esposa fiel, o su actual y potencial amor verdadero. Si es una mujer
quien solicita la lectura, la Reina puede ser una confidente, o una rival
en asuntos amorosos (las cartas circundantes lo dirán). Pero incluso si
es una rival, es una mujer buena, y jugará limpio.

Si este arcano menor no representa a una persona, entonces es una
situación en la que el consultante se siente, o debe sentirse, emocionalmente seguro, e incluso protegido. Esta carta describe una situación en la que no hay trampas ocultas o enemigos insospechados.
Usted se encuentra entre personas en las que puede confiar, y un
ambiente en el que puede sentirse como en casa.

En la lectura

Al derecho: una mujer maternal que evoca sentimientos de afecto y
amor. Una amiga o pariente, honesta y fiel, que ayudará al consultante. Una buena madre; una esposa perfecta. Si la carta no representa
una persona, entonces es una situación en la que usted se siente emocionalmente seguro. Exito, felicidad, placer. Decisiones sabias, especialmente en relaciones personales.

Al revés: una mujer perversa en la que no se debe confiar. Vicio,
deshonor, intromisión, depravación.

El Caballero de Copas
usualmente representa un
amante, o el mensajero
del verdadero amor.

Caballero de Copas

Descripción

La mayoría de barajas muestran a un hombre joven montado sobre un caballo, que está en posición de desfile. El hombre puede o no tener una armadura, pero siempre aparece bien vestido. A veces tiene también un cuerno de caza. Si no es así, puede tener una gorra con alas. De cualquier forma, se simboliza un mensajero de algo bueno. Lleva la copa en su mano derecha, dirigida hacia un lado, o frente a él, sobre la cabeza del caballo, y al mismo tiempo la observa. El Caballero es generalmente mostrado en campo abierto.

Significado

Un hombre joven con las mismas cualidades de sus padres simbólicos. Si la carta representa a un individuo, es alguien con un interés fraternal por el consultante. Es honesto, inteligente, deseoso de ayudarlo en la forma que pueda —un amigo verdadero y formal, o incluso un amante. Si la lectura indica que es un amante, entonces es alguien a quien puede amar con seguridad. Incluso si la relación se rompiera en el futuro, esta persona no haría ningún intento por causarle heridas. Si no es un amante, es alguien que puede darle consejos sobre la verdadera naturaleza de la persona en la que usted tiene interés. Al igual que la Reina, puede también ser algo soñador. En este caso no es un visionario, sino alguien con imaginación, que entiende sus propios sentimientos y los de otras personas.

Si no es una persona, entonces espere un mensaje o una invitación. En cualquier caso será una situación positiva en la que puede estar confiado. El Cballero de Copas es también interpretado para cualquier sexo como el mensajero del verdadero amor.

En la lectura

Al derecho: un hombre joven, inteligente y honesto, amigable con el consultante. Un hermano, amigo o amante. Buenos consejos, un mensaje, una visita, o una invitación. Amor verdadero, amor correspondido.

Al revés: un hombre joven engañoso y traicionero. Falsedad, estafa, fraude, mentiras. Confianza traicionada. Daño emocional.

El Paje de Copas
es una persona
que le servirá
significativamente,
o representa un mensaje
o alguien que llega.

Paje de Copas

Descripción

Un hombre joven, bien vestido, parado en posición de relajación, y sosteniendo la copa en una mano. En algunas barajas aparece como si estuviera mostrándole la copa a alguien. Otras lo muestran admirándola. Por lo general es mostrado sonriente y mirando la copa.

Significado

Un hombre o una mujer joven, posiblemente su hijo o hija (o alguien que le responde como hijo), o un hermano o hermana (usualmente el (la) menor). Una persona joven sensible, generalmente con las mismas cualidades de sus parientes mayores. La aparición de esta carta en la lectura indica que usted está en el presente ligado a alguien que le servirá significativamente. Si no es una persona, lea esto como un mensaje, alguien que llega, posiblemente un nacimiento.

En la lectura

Al derecho: un hombre o una mujer joven sensible, alguien muy cercano a usted, como un hijo, una hija, un hermano, una hermana, un primo, un viejo amigo o compañero de estudios, o un novio (novia) de la infancia. El (o ella) realizará algo que usted necesita. Una persona joven estudiosa e inteligente. Noticias, un mensaje, llegada de alguien o algo. Un nacimiento, de un ser humano o de una idea o empresa. Un comienzo prometedor.

Al revés: engaño, seducción, falsa adulación, decepción.

*El As de Copas
simboliza fertilidad,
celebraciones,
consumación de una
unión valiosa.*

As de Copas

Descripción
La mayoría de barajas muestran una copa grande. Al igual que la copa de la Reina, usualmente tiene una cubierta redondeada y decorada. Algunas barajas sólo muestran la copa. Otras muestran una mano que la agarra de la base, o simplemente la sostiene sobre la palma. Si hay algún otro simbolismo en el fondo de la ilustración, tiene que ver con agua, por ejemplo un mar debajo de la copa y/o fuentes que reciben agua de la copa.

Significado
El As de Copas simboliza fertilidad, celebraciones, y la consumación de una unión valiosa. Aquí comienza un matrimonio (u otra socie-dad) que será feliz inicialmente y de beneficio para ambas partes. La aparición del as en la lectura también anuncia la posibilidad de tal unión. Predice el inicio de un amor verdadero y duradero.

En la lectura

Al derecho: fertilidad. Abundancia en todas las cosas, especialmente en el amor. El comienzo de un amor, o la consumación de una unión apropiada y beneficiosa para las personas involucradas. Amor verdadero, alegría, celebración.

Al revés: inestabilidad. Un falso amor; decepción en las relaciones. Un cambio de relación, principalmente debido a lo anterior. Puede significar infidelidad y engaño.

*El Dos de Copas
simboliza una asociación,
un matrimonio o una
unión que se basa en
la armonía.*

Dos de Copas

Significado

Dos copas simbolizan una asociación, un matrimonio, o una unión. Cualquiera que sea la relación descrita, nueva o existente, será basada en la armonía.

En la lectura

Al derecho: amor, amistad, afinidad, afecto. Unión, asociación. Simpatía mutua, armonía. Usualmente se refiere a la unión de sexos. En algunas lecturas puede simbolizar uniones o asociaciones a las que usted está considerando unirse, o en las que ya está involucrado.

Al revés: las mismas cosas positivas. Las cartas que la acompañan pueden retrasar esta influencia, o poner obstáculos en el camino de las personas involucradas. Pero al final, ni las influencias negativas pueden cambiar la tendencia favorable. Esta es una unión destinada a ser buena para quienes la conforman.

*El Tres de Copas es una
carta de éxito y victoria
en las relaciones o los
negocios.*

Tres de Copas

Significado

Esta es una carta de éxito y realización. Alguna empresa o asunto en el que se ha involucrado, pronto llegará a su fin, con la alegría y satisfacción de todos.

En la lectura

Al derecho: éxito, perfección, abundancia, alegría, plenitud, realización. Victoria, logro de grandes cosas.

Al revés: también éxito y realización, pero sólo en términos físicos. Gratificación de placeres sensuales. Logro de cosas pequeñas.

*El Cuatro de Copas
representa una buena
advertencia; su propia
visión negativa no lo deja
realizar o apreciar todo lo
que necesita o desea.*

Cuatro de Copas

Significado

Esta carta representa una buena advertencia. Todo lo que necesita, que posiblemente desea, está a su disposición. Pero su visión negativa le impide reconocerlo, apreciarlo, o tomar ventaja de ello. Está tan sumido en su insatisfacción que ignora el posible éxito. Una interpretación de esta carta es la del "Soltero o la Solterona", y afirma que la razón para la larga demora del matrimonio es la "exigente disposición" del consultante. De hecho, la advertencia es la misma. Su descontento es a causa de su propio comportamiento, y no a un destino negativo de la vida.

En la lectura

Al derecho: insatisfacción, disgusto. Inconformidad con la vida. Vejaciones imaginarias. Falta de voluntad para aceptar las cosas buenas que se le ofrecen. Descontento y sospechas sin justificación.

Al revés: nuevas relaciones, nuevos conocidos, nueva instrucción, novedad. Un evento imprevisto.

*El Cinco de Copas le
dice que usted sólo ve las
pérdidas pero no las
ganancias; en sus manos
está ver lo positivo
de las cosas.*

Cinco de Copas

Significado

De nuevo, es su actitud la que afecta su perspectiva de la situación. El Cinco es una carta de pérdidas y ganancias, pero es posible que sólo esté viendo las pérdidas. Tiene la oportunidad de ser feliz si ve el lado positivo de lo que tiene. Este número también predice una unión, posiblemente un matrimonio, y advierte que de usted depende si será o no gratificante. Siguiendo al Cuatro, el Cinco sugiere que su infelicidad es debida a que deliberadamente tomó el lado negativo de las cosas para fundamentar su desilusión o descontento. Desechó ganancias positivas, pudo haberse realizado felizmente. Pero aún puede conseguirlo, depende completamente de usted. Esta es también una carta de indecisión, incapacidad para considerar asuntos importantes. A veces el Cinco anuncia un cambio de ambiente, debido a su deseo de escapar de estos asuntos; en efecto, huye en lugar de enfrentar la situación.

En la lectura

Al derecho: una próxima unión; un posible matrimonio, una asociación. Ha habido pérdidas, pero también ganancias. Las pérdidas son
sólo parciales, y la tristeza momentánea. También anuncia una herencia, pero no tan grande como el consultante espera. Un cambio de
planes, un cambio de ambiente o situación personal.

Al revés: amargura, frustración, un matrimonio infeliz; todo debido a malas decisiones o expectativas irrealistas. Sorpresas, promesas
falsas, proyectos falsos.

*El Seis de Copas es
una carta de recuerdos
felices; muestra cómo se
puede de nuevo obtener
la felicidad.*

Seis de Copas

Significado

Su insatisfacción por las situaciones actuales guía a esta carta. El Seis describe recuerdos felices y amores pasados. De nuevo, la forma en que estos recuerdos lo afectan depende de usted mismo. No se obsesione por lo que "ha perdido", use dichas remembranzas para que aprenda de nuevo a ser feliz y recupere su inocencia. En una lectura particularmente favorable, la aparición de este arcano puede indicar que alguien, o algún suceso, lo forzará a reconocer lo bueno de su vida.

En la lectura

Al derecho: recuerdos (especialmente de la infancia); remembranzas de amores pasados. Felicidad proveniente del pasado, de pensar cosas que ya no existen. Una promesa para el futuro, de renovación, felicidad y amor.

Al revés: nuevos amigos, ambiente y conocimientos nuevos. Cambio de actitud y relaciones. Algo importante sucederá pronto.

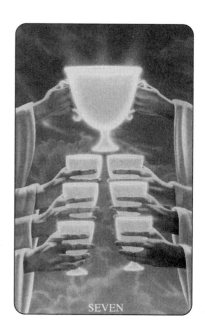

El Siete de Copas
representa imaginación
y visiones fantásticas
o reflexivas.

Siete de Copas

Significado

Esta es una carta de imaginación y visiones. Algunas de las visiones pueden ser fantásticas: sueños con hadas, castillos en el aire; otras reflexivas, pero nunca lo suficientemente ligadas al estado real de las situaciones. Usted está soñando despierto, deja fluir su imaginación. La mayoría de interpretaciones sugieren que este es un proceso necesario, especialmente en este tiempo: liberar la mente de viejas ideas y conceptos erróneos, y examinar diferentes potenciales y posibilidades. Esto puede llevar a la creación de objetivos nuevos y mejores.

En la lectura

Al derecho: abundancia de ideas frescas pero indefinidas en la mente del consultante, nada permanente o sustancial. Soñar despierto; castillos en el aire. Meditación sin enfoque. Contemplación, imaginación.

Al revés: determinación, resolución, fuertes deseos y planes firmes.

*El Ocho de Copas le
anuncia que conseguirá
lo que ha deseado, pero
que tal vez está siendo
demasiado cauteloso.*

Ocho de Copas

Significado

Los significados aquí son contradictorios. El Ocho de Copas se refiere a una situación, un evento o una empresa en que usted ha estado involucrado, o que está planeando. Sugiere que las cosas saldrán bien; de hecho recibirá lo que deseaba. Pero también indica que está siendo demasiado cauteloso, y por ello perderá lo que espera ganar. En este caso puede ver las cosas buenas que tiene, pero es demasiado tímido, demasiado inseguro de su valor personal. Y si no realiza sus movimientos, puede perder aquello por lo que se ha esforzado durante tanto tiempo.

Hay otra interpretación que ha funcionado en lecturas prácticas, sugiere que el asunto en cuestión no es tan importante como parece, y que actuando sobre él conocerá su verdadero valor, de tal forma que pueda realizar otras cosas. De nuevo, actúe y se dará cuenta que la situación no es tan intimidante como parece. De cualquier forma, el éxito lo espera, todo depende de usted.

En la lectura

Al derecho: realización de un deseo, pero también timidez, modestia. Un problema aparentemente grave para el consultante, resulta ser una situación de consecuencias menores, para bien o mal, una vez que se haga algo al respecto. Decepción si el consultante no actúa sobre el asunto.

Al revés: gran felicidad, placer, celebración. Frecuentemente se refiere a un evento que el consultante ha previsto o planeado. Las cartas circundantes revelarán si otros sucesos, u otras personas, harán dicho acontecimiento tan agradable como se espera, o lo desvirtuarán.

*El Nueve de Copas
anuncia que todo lo que
ha esperado se realizará:
triunfo, éxito total.*

Nueve de Copas

Significado

No hay lecturas negativas en esta carta. Es un arcano de triunfo, de éxito total, casi de saciedad. Todo lo que ha planeado y espera se realizará, y será tan bueno o mejor de lo que había deseado. A veces ésta es llamada la "carta del deseo". Promete realización, armonía, y éxito en los proyectos descritos por otras cartas en la lectura. Si hay cartas desfavorables, éstas pueden retrasar este éxito final, pero los obstáculos serán sólo inconvenientes temporales. Usted ha hecho todo lo correcto hasta ahora, y las personas y/o otros sucesos están también a su favor. Esta es su hora.

En la lectura

Al derecho: triunfo, victoria. Alegría, incluso saciedad para el consultante. Exito, ventajas, satisfacción total con los resultados de sus planes. Usualmente se refiere a éxito material, pero puede significar también otro tipo de situaciones. Como resultado se superan las dificultades y se logra un bienestar general.

Al revés: las interpretaciones varían para esta lectura. Algunas indican verdad, libertad y lealtad; otras sugieren decepciones debidas a errores e imperfecciones. Algunas lecturas incluyen los dos tipos de interpretaciones; en efecto, todas las cosas pueden estar saliendo bien, pero aún es posible que las arruine.

El Diez de Copas
describe amor verdadero:
alegría, felicidad familiar,
satisfacción por
sus logros.

Diez de Copas

Significado

Esta carta describe lo que es el amor verdadero, y a lo que debe llevar: alegría, felicidad familiar, satisfacción por sus logros y relaciones. Está rodeado por personas con las que comparte un amor recíproco, ellas se interesan por lo que es importante para usted, y viceversa. El Diez de Copas muestra un ambiente de paz y armonía creado por personas que comparten sus vidas y se protegen mutuamente. Otras cartas ilustradas en la lectura pueden identificar a quienes están involucrados en este estado de felicidad, o revelar a una persona que está viendo por sus intereses. Este arcano menor es favorable y a la vez influyente: reafirma cartas positivas en la lectura, y anula el efecto de las negativas.

En la lectura

Al derecho: la perfección de la amistad y el amor humanos; verdadera compañía y realización en las relaciones. Amor por el hogar y satisfacción por sus propios logros. También éxito, pero en este caso no necesariamente material; una vida familiar feliz, honores, estima.

Al revés: dolor, disputas; indignación y violencia, posiblemente emocional. Un falso amor.

Los Pentáculos

Es el tercer palo de los Arcanos Menores. Simboliza riqueza material, empresas, negocios y comercio, prestigio mundano.

Los Pentáculos representaban originalmente a los comerciantes de la sociedad medieval. Estas personas se dedicaban a la fabricación y el comercio de mercancías locales y extranjeras. En estas actividades, fueron también una influencia para el cambio, y su forma de hacer negocios no sólo impactó en su sociedad, también afectó la manera de pensar y actuar en nuestros tiempos. Por ejemplo, estos comerciantes fueron los que establecieron y promovieron el concepto de comercio internacional, y desarrollaron nuestra economía basada en el dinero. Antes de tal influencia se negociaba en especies (bienes o servicios), pero los comerciantes utilizaban dinero en efectivo. Crearon una forma más conveniente y eficiente de hacer negocios. También fueron responsables del establecimiento de bancos y sistemas de contabilidad, además de las leyes comerciales.

Los comerciantes fueron originalmente una especie de clase media en el orden social medieval. No estaban destinados a trabajar la tierra, como los siervos, pero no eran de sangre real ni tenían la protección de la iglesia. Sin embargo, con el tiempo los comerciantes crearon su propio estatus, se asociaron en gremios, creados inicialmente para autoprotección y beneficio mutuo, que finalmente adquirieron gran poder e influencia. Gracias a las asociaciones, tuvieron un monopolio en el comercio y esto, más la riqueza que poseían, les dio una importante voz en asuntos gubernamentales.

En nuestra definición moderna, los Pentáculos podrían representar grandes negocios, la banca, o comercio nacional e internacional. Estos son los poderosos intereses comerciales cuya influencia sobre los asuntos del mundo, pueden a veces pesar más que la de gobiernos autorizados. A nivel personal, los Pentáculos representan individuos muy ricos e influyentes. En general, aquellos que tienen dinero son conscientes de su poder e influencia, y están preparados para usarlo.

Si una carta de este palo representa a una persona, ésta será un empresario (o empresaria) con gran éxito en los negocios o las finanzas, y/o alguien astuto en asuntos de dinero y comercio. Los Pentáculos usualmente representan a alguien personalmente rico, pero en cualquier caso señalarán la presencia de un individuo que controla grandes cantidades de dinero (un banquero, un financista, un agente de bolsa, etc.). En una lectura, puede ser alguien que puede proveer o proveerá dinero al consultante. También puede ser una persona que el consultante admira y respeta, principalmente debido a su riqueza y estatus social.

Las circunstancias representadas por los Pentáculos son las que involucran riqueza material, dinero, o asuntos financieros. Este es un palo de riqueza, estatus social, posesión de bienes materiales y prosperidad en general. Además sugiere la posibilidad de riqueza heredada. El hecho de que estas cartas aparezcan en una lectura significa que tales ventajas e influencias existen hasta cierto punto en el ambiente del consultante. En el mejor de los casos, indican una buena probabilidad de que algo de esa riqueza real llegue a ser posesión del consultante o, al menos, anuncian alivio de deudas, o de otros problemas causados por falta de dinero. En algunas lecturas estas cartas también pueden indicar que sus problemas actuales pueden ser resueltos con dinero en efectivo.

Si este palo representa al consultante, entonces éste es muy rico, o está destinado a serlo, o es alguien que controla grandes sumas de dinero de alguna forma (lo cual no significa necesariamente que sea rico). Si el consultante no está en tal posición en este tiempo, es al menos alguien astuto con el dinero, pues sabe cómo obtenerlo y usar su poder.

El palo de Pentáculos es muy mundano, poco relacionado con asuntos espirituales o del corazón. Representa sabiduría comercial o financiera, y usualmente influencia temporal. También indica que los negocios y las finanzas, o al menos las cosas de este mundo son una prioridad para las personas o en las circunstancias descritas por la lectura.

Descripción del símbolo del palo

La mayoría de barajas muestran un disco de oro, con un diseño estilo pétalo repetido en círculos concéntricos. Algunos muestran Pentáculos reales: un pentagrama en el centro del círculo o disco. Otras barajas que no muestran un pentagrama tienen un diseño de 5 lados en algún sector dentro del disco, en el círculo central o en el diseño general. El simbolismo no es sólo de dinero real en forma de monedas de oro, también hay un grado de protección y poder mágicos. Recuerde además la interpretación del número cinco: aventura, emoción, la influencia de asuntos mundanos, y cambio. El palo de Pentáculos alegoriza riqueza real, asuntos mundanos, y a menudo política u otras formas de influencia y poder.

El Rey de Pentáculos representa poder e influencia, un hombre interesado en patrocinar artes y ciencias, aunque orientado al beneficio.

THE KING OF PENTACLES

Rey de Pentáculos

Descripción

Puede aparecer coronado. Si no es así, es generalmente representado como un comerciante bien vestido. También puede ser mostrado usando algún tipo de joyas. Está sentado sobre un trono decorado con algún tipo de figura animal mítica o real, como un león, un grifo, un toro, o una águila (de nuevo, símbolos de realeza y poder temporal o mágico).

Su actitud es de orgullo, pero al mismo tiempo de despreocupación. Es alguien que se siente bien con su posición de poder. Usualmente sostiene el pentáculo en su mano derecha, como si se lo mostrara a quien observa la carta. Algunas veces también tiene un cetro en su mano izquierda. Muchas barajas, incluso aquellas que muestran esta figura con corona y armadura, también ilustran algún tipo de bolsa a su lado, representando una bolsa de dinero.

Significado

El Rey de Pentáculos debe traer a la mente un hombre maduro, rico y valeroso. Al igual que el rey de Espadas, representa poder, pero en un sentido más positivo. Está firmemente establecido en su derecho. Puede —y lo hace— controlar las riendas del gobierno. También está personalmente dotado, y/o se interesa por quienes también lo son. El usará su influencia para patrocinar artes y ciencias, beneficiando sus objetivos en muchos casos. Es alguien tan bien establecido personalmente, que puede ser un mecenas. En esto, también representa el tipo de sociedad que es lo suficientemente estable para que la ciencia y el arte puedan florecer. Si esta carta representa a una persona, es la personificación del "monarca iluminado", sabio y poderoso. Será un hombre que el consultante admira por sus éxitos y su cultura. Si la carta simboliza una situación, entonces anuncia seguridad financiera, y el tipo de ambiente estable en el que la cultura puede desarrollarse.

En la lectura

Al derecho: un hombre rico, poderoso y culto, que puede dar consejos sabios, ayuda e inspiración. Un hombre instruido, conocedor del dinero y las finanzas, y un verdadero patrocinador de artes y ciencias. Puede tener buena disposición hacia el consultante, o ser indiferente. Pero en cualquier caso es improbable que sea antagónico. Las otras cartas en la lectura revelarán su actitud actual, y también pueden indicar lo que usted debe hacer para adquirir el patrocinio de este hombre si lo necesita. Si no se trata de una persona real, la carta es entonces un símbolo de empresa y gloria mundana, que representa inteligencia y habilidad para los negocios. También puede simbolizar talentos, especialmente matemáticos, y éxito en las áreas de finanzas o estatus social. Una interpretación adicional se refiere a el éxito a través del juego, o gracias a una herencia.

Al revés: un hombre peligroso que el consultante debería evitar. En los negocios puede ser un competidor absolutamente despiadado. Si no es una persona, la carta significa duda, debilidad, temor, desesperación. Peligro para el consultante. Vicio y perversidad; corrupción y malas intenciones; presunción. Pérdida económica, ruina.

La Reina de Pentáculos
representa una mujer real
y respetada, o seguridad,
sabiduría, prudencia
y riqueza.

Reina de Pentáculos

Descripción

Es usualmente representada como una mujer madura y bien vestida. Puede estar o no coronada. Muchas barajas la muestran parada, soportando su peso sobre una pierna, o apoyándose contra un trono decorado. Al igual que el Rey, sostiene el pentáculo en su mano derecha, mostrándolo a quien observa la carta. Usualmente aparece mirando el disco y totalmente ocupada con él. Si está sentada, sostiene el pentáculo con las dos manos, y también lo contempla, como si viera imágenes en él. A veces tiene un cetro en su mano izquierda.

La Reina aparece frecuentemente sonriendo, segura de sí misma, y con una actitud amable, pero observe que en la mayoría de barajas, pone absoluta atención al dinero.

Significado

Una mujer real y respetada, conocida por su generosidad, pero nunca es alguien que usted pueda engañar para tomar ventaja. Tiene respeto por el dinero, pero no es regida por él. Una administradora prudente

y sabia que da ejemplo a los demás de la mejor forma de usar la riqueza y sentirse bien. Como el Rey, es inteligente y tiene una grandeza de
alma que inspira admiración entre sus pares de la nobleza y sus gober-
nados. Si esta carta no representa una persona, entonces describe una
situación de confort bien establecida, que no sólo se refiere a seguridad económica, sino a saber cómo usar el dinero sabiamente. Este
arcano también representa la esperanza basada en la habilidad para
superar obstáculos con prudencia y sabiduría.

En la lectura

Al derecho: una mujer generosa; una excelente y cuidadosa administradora, con inteligencia y conocimiento intuitivo. Al igual que el Rey,
puede estar a favor del consultante, o ser indiferente. Es atractiva y
muy persuasiva. Sabe cómo hacer sus cosas, pero no a través de "ardi-
des femeninos". Si no es una persona, la carta representa seguridad,
sabiduría y prudencia, riqueza, e incluso opulencia.

Al revés: una mujer recelosa, que desconfía de todo a su alrededor,
y en la que no se debe confiar. Una mujer entrometida, que necesita
controlar situaciones a cualquier costo. Si no es una persona, la carta
representa una situación sospechosa, temor, e incluso maldad. Una
situación de incertidumbre en la que el consultante no está seguro en
quién confiar, o si se puede confiar en alguien.

El Caballero de Pentáculos representa a un hombre joven de gran potencial, o expectativas no realizadas, disputas.

Caballero de Pentáculos

Descripción

La mayoría de barajas muestran un hombre joven a caballo. Usualmente usa una armadura. En barajas donde el Rey y la Reina están vestidos como comerciantes en lugar de usar trajes de realeza, el Caballero sigue la misma tendencia. Muchas veces no sostiene el pentáculo. Este aparece suspendido en el aire al frente o detrás de él. De cualquier forma, mira directamente hacia el disco, así tenga que girar para hacerlo. Si el pentáculo está en su mano, lo sostiene para exhibirlo, pero no lo contempla seriamente. El caballo puede ser mostrado caminando o descansando. El Caballero no es un hombre joven batallando por su familia o sus ideales. La imagen aquí es de partida o viaje.

Significado

El Caballero de Pentáculos exhibe las mismas características de sus padres, pero incluye también elementos de mudanza, de llegada, partida, o viaje. Esta imagen es menos madura que la del Rey o la Reina.

Tiene el potencial de ellos, pero carece de su experiencia. Puede ser una buena persona, pero no tan formal. Tal vez sea impaciente en ocasiones, y tenga menos voluntad para asumir responsabilidades. Este rasgo puede ser permanente, o puede fácilmente desaparecer, depende de las otras cartas en la lectura. Si este arcano no representa a una persona, indica que usted podrá ser más de lo que es concentrándose y trabajando por ello.

En la lectura

Al derecho: un hombre joven con espíritu aventurero, que posee gran potencial, pero no lo utiliza. Una persona de mente materialista, alguien que no mira más allá de la superficie; un aventurero, un jugador. Si se le asigna una tarea, tiene el valor suficiente y puede ser responsable, pero aún no es capaz de establecer sus propios objetivos y seguirlos. Si no es una persona, se trata de una partida o llegada. Posiblemente discordias o disputas, usualmente concernientes a expectativas no realizadas.

Al revés: un hombre joven frívolo, negligente o irresponsable. Despreocupación, desánimo, estancamiento, apatía. Si no es una persona, puede indicar desempleo o desanimo. Esta carta podría también mostrar una falta de enfoque por parte del consultante, la incapacidad de escoger objetivos o trabajar por ellos sabiamente.

*El Paje de Pentáculos
es un hombre (o mujer)
erudito, culto y artístico;
o puede significar buenas
noticias y placeres.*

Paje de Pentáculos

Descripción

La mayoría de barajas muestran un hombre joven parado en un campo. Está bien vestido y satisfecho consigo mismo. Su posición varía. En algunos casos el pentáculo con una mano, como mostrándolo, y al mismo tiempo admirándolo. Su mano izquierda está dirigida hacia el suelo o enganchada en su cinturón. La postura es muy similar a la del Mago. En otras barajas sostiene el pentáculo con las dos manos, o lo balancea con las puntas de sus dedos. En cualquier caso, obviamente se ve satisfecho de sí mismo, y admirando su posesión del disco.

Significado

Un hombre (o mujer) joven, o tal vez un niño(a), con el potencial para las mismas cualidades de sus padres simbólicos. Esta es una persona joven claramente culta. Al igual que sus padres aprecia las artes, pero es más sensible respecto a las necesidades de los demás y a su propia vulnerabilidad. El interés por el pentáculo es generalmente destinado a simbolizar al erudito, alguien tan absorto de lo que está aprendiendo, que es poco práctico y menos consciente de la realidad. Si esta carta no representa a una persona, indica que usted pronto recibirá algún tipo de noticia o mensaje. Si representa al consultante, sugiere ambición y necesidad de éxito, especialmente a nivel mundano.

En la lectura

Al derecho: un hombre (o mujer) joven y erudito; un soñador. Es inteligente, versado, culto y sensible. Buenas noticias, y/o el portador de ellas; placer o satisfacción mundanos, lujos.

Al revés: una persona vulgar y egoísta. Un pródigo, liberalidad, entrega a los placeres y vicios. Un portador de malas noticias; decepción, dolor sufrido por el consultante; desperdicio material o potencial.

*El As de Pentáculos es
la carta de la realización;
las nuevas empresas están
destinadas al éxito.*

As de Pentáculos

Descripción

La mayoría de barajas muestran simplemente un gran pentáculo en el centro de la carta, usualmente con algún tipo de diseño decorativo. En ocasiones la ilustración repite el tema de una revelación divina: una enorme mano que sale de una nube, sosteniendo el disco balanceado en la palma.

Significado

El As es la carta de la realización. La nueva empresa que ahora comienza, o pronto iniciará, está destinada a tener éxito, que a su vez será posiblemente medido en ganancia material de algún tipo (dinero, estatus, fama, o una combinación de todo esto). La carta predice éxito en su nueva empresa sin importar lo que sugieran las cartas circundantes, pero con esta condición: si las cartas acompañantes son negativas, su triunfo traerá consigo infelicidad y envidia, los aspectos malos de la riqueza y el éxito. De cualquier forma, el anuncio es de prosperidad y ganancia material.

En la lectura

Al derecho: el comienzo de una nueva empresa que tiene éxito asegurado. Alegría, realización, riqueza, gran felicidad, triunfo.

Al revés: la misma realización y prosperidad, pero con dolor, o al menos sin tranquilidad mental.

El Dos de Pentáculos
significa buena fortuna,
alegría y diversión, o tal
vez buenas noticias, un
aviso para que se realicen
asuntos financieros.

Dos de Pentáculos

Significado

El Dos significa buena fortuna, también alegría y diversión. Sugiere además que el consultante puede esperar noticias, probablemente un mensaje por escrito. En una lectura negativa, advierte la necesidad de realizar asuntos financieros, con un grado de incertidumbre de cómo saldrán finalmente las cosas.

En la lectura

Al derecho: buena suerte. Alegría y diversión. Noticias, mensajes (probablemente escritos) recibidos o próximos a llegar. Obstáculos y dificultades; las otras cartas en la lectura señalarán en detalle lo anterior.

Al revés: una experiencia desagradable. Alegría forzada, placeres fingidos. Duda, preocupación, incertidumbre.

El Tres de Pentáculos
describe capacidad para
un arte u oficio, el cual
podría ser beneficioso.

Tres de Pentáculos

Significado

Esta es también una carta de éxito, pero con una aplicación diferente. El Tres de Pentáculos describe la capacidad para un arte u oficio, y predice las retribuciones quel pueden ser obtenidas gracias a dicho talento. Si este arcano describe al consultante, entonces éste se ha preparado (o se está preparando, dependiendo de la posición en la lectura) para llevar una buena vida, y la presencia de esta carta indica qué la profesión elegida será exitosa. Si la carta describe una situación o un futuro evento, sugiere que adquirir una habilidad vendible guiará finalmente al éxito. También anuncia que el consultante tiene el potencial para obtener dicha capacidad.

En la lectura

Al derecho: empresa, comercio. Trabajo talentoso o la adquisición de habilidades. Exito en los negocios. Nobleza personal; aumento de prestigio; renombre y gloria.

Al revés: mediocridad en el trabajo y otras áreas; debilidad.

*El Cuatro de
Pentáculos es una
carta de posesiones y la
necesidad de protegerlas.*

Cuatro de Pentáculos

Significado

El Cuatro es una carta de posesiones y de conservar lo que se tiene. Los bienes son suyos por derecho; usted los ganó o heredó (observe aquí que lo "heredado" incluye también habilidades o talentos). La carta también sugiere la sensación por parte del consultante, de que es necesario proteger estas posesiones. Otras cartas en la lectura indicarán si esta idea es o no justificada. Este arcano también sugiere que dormirse en los laureles puede ser confortable, pero no es la forma de prepararse para el futuro.

En la lectura

Al derecho: posesiones, regalos. Conservar lo que se tiene. Herencia. Satisfacción por el estatus personal. Además, una situación establecida, en los negocios o en asuntos personales; pocas preocupaciones. Buen presagio acerca del futuro.

Al revés: oposición, suspenso, retrasos, obstáculos. Posible pérdida. Disputas, particularmente con personas cercanas al consultante (riñas por posesiones o herencias).

El Cinco de Pentáculos
advierte que podría haber
problemas en los negocios;
problemas materiales,
pérdidas, o pobreza.

Cinco de Pentáculos

Significado
Esta carta es una advertencia: hay una ligera posibilidad de tener éxito en los negocios, pero hay un potencial mucho mayor para que se presenten problemas. Incluso en una lectura positiva, el Cinco sugiere problemas materiales, pérdidas, o pobreza. El consultante está, o pronto estará, en una situación de escasez de dinero, y/o donde ha perdido las ganancias o posesiones materiales con que contaba. En algunos casos los inconvenientes pueden ser causados por circunstancias fuera de su control; otros son originados por usted mismo. En cualquier caso, tendrá que ser cuidadoso para evitar la ruina.

En la lectura
Al derecho: posible ganancia pequeña en los negocios, pero terminará en pérdidas, a menos que se tenga el máximo cuidado. Problemas financieros; destitución. Pobreza, Soledad, pérdida repentina.

   Al revés: desorden, discordia, caos, ruina. Libertinaje, imprudencia, desgracia.

*El Seis de Pentáculos
dice que los problemas
previos son resueltos;
describe una persona que
se interesa por los demás,
y usa su prosperidad
para ayudar.*

Seis de Pentáculos

Significado

En esta carta son resueltos los problemas previos del consultante. Indica que éste está próximo a iniciar una empresa loable (como por ejemplo desarrollar obras de caridad), y también sugiere que tendrá la capacidad de desarrollar dicha tarea. El Seis describe o predice abundancia de valores materiales. También muestra al consultante como alguien que se preocupa tanto por los demás, que usa su prosperidad como medio para ayudar todo lo posible.

En la lectura

Al derecho: una buena época para emprender una acción loable. Deseos realizados. Bondad del corazón. Regalos, gratificación, abundancia, prosperidad, riqueza material.

Al revés: deseo, envidia, ilusión. Posible pérdida. Infelicidad.

El Siete de Pentáculos
es una carta de ganancia,
específicamente de
retribuciones por
sus labores.

Siete de Pentáculos

Significado

Esta es una carta de ganancia —específicamente retribuciones por sus labores—. El beneficio es usualmente financiero, pero puede referirse también a una área en la que el consultante ha trabajado mucho tiempo. Además predice crecimiento gradual, personal y en los negocios (en secuencia numérica este arcano también indica que al menos parte de su éxito es debido a buenas acciones realizadas anteriormente).

En la lectura

Al derecho: éxito, usualmente financiero. Ganancia en negocios u otras empresas. Beneficio, dinero. Recompensa y satisfacción por el trabajo realizado. Crecimiento gradual de la empresa. Buena suerte. Buena voluntad de y hacia el consultante.

Al revés: preocupaciones económicas, específicamente si se considera un gasto imprudente, o un préstamo pedido por el consultante, y que posiblemente no podrá ser pagado. Tiene razón al estar preocupado; sea cuidadoso. Grandes pérdidas por juego, mala suerte.

El Ocho de Pentáculos
dice que usted sabe por
dónde va, y cómo llegar
a su destino, esté o no
consciente de ello.

Ocho de Pentáculos

Significado

De nuevo, la habilidad y el conocimiento son la clave para el éxito final, pero aquí está más cercano. El Ocho sugiere que usted sabe por dónde va ahora, y cómo llegar a su destino, esté o no consciente de ello. Tiene las habilidades que necesita, sólo debe emplearlas. Aquí el éxito se basa en su entrenamiento y experiencia. Ha ganado sabiamente el estatus que tiene ahora, o pronto lo obtendrá.

En la lectura

Al derecho: entendimiento ganado a través de la experiencia, propósitos firmes. Empleo, comisiones, nuevos negocios: las habilidades practicadas dan resultado, y se adquieren más destrezas. Su trabajo será recompensado.

Al revés: el consultante no está seguro de cuál dirección seguir, o es posible que no haya identificado sus objetivos; posible falta de ambición. Aquí también se describe la habilidad, pero en el sentido de alguien bastante inteligente para su propio bien; la mente enfocada a la astucia y la intriga. También vanidad, codicia, falsas adulaciones, hipocresía.

*El Nueve de Pentáculos
significa orden, seguridad
de las posesiones y
relaciones; la sabiduría
y experiencia que necesita
para manejar
sus problemas.*

Nueve de Pentáculos

Significado

El Nueve de Pentáculos significa orden, seguridad de las posesiones y relaciones, realización y éxito. Usted tiene la sabiduría y experiencia requerida para que maneje sus asuntos y solucione cualquier problema futuro. Sus objetivos son realizados, o pronto lo serán.

En la lectura

Al derecho: orden y disciplina. Abundancia en todo; bienestar material. La habilidad para planear. Seguridad, prudencia, éxito, realización, sabiduría. A veces recreación, o unas vacaciones merecidas.

Al revés: mala fe, decepción, falsedad, engaño. Planes mal llevados.

El Diez de Pentáculos
significa que usted ha
adquirido estabilidad
familiar y en los negocios,
una sensación de
confianza bien merecida,
posibles herencias.

Diez de Pentáculos

Significado

Esta carta sigue la predicción descrita en el Nueve. Usted se ha estabilizado, en su familia y en los negocios. Ahora tiene en sus manos el fruto de su trabajo. Este arcano también describe una sensación de confianza por parte del consultante, además de honores recibidos merecidamente. El Diez también anuncia la posibilidad de herencias.

En la lectura

Al derecho: negocios y familia establecidos. Confianza y seguridad, ganancia, honor. Enfasis en asuntos familiares; con negocios firmes, hay tiempo para las relaciones personales. Herencias, regalos, pensión, riqueza.

Al revés: cambio, incertidumbre, pérdida. Posible fatalidad. Robo, juego, riesgo. No dependa de su suerte, ésta cambia con el clima.

Los Bastos

El palo de Bastos, último en la línea de precedencia de los Arcanos Menores, promete mayor gloria.

En una lectura, este palo usualmente se refiere a los negocios del consultante, pero no en la misma forma que en los Pentáculos. Los Bastos describen el potencial, la ambición y el esfuerzo personal que guían al éxito.

Los Bastos originalmente representaban la clase campesina o de siervos en la sociedad medieval, los de menor influencia y mayor pobreza en la escala social. Un campesino tenía una libertad personal limitada, su vida podía ser interferida a voluntad por cualquier miembro de las clases superiores, y nunca tenía la esperanza de ascender. Había una estricta demarcación entre clases, y esto no sólo era forzado por las clases dominantes, también era aceptado por las clases inferiores.

Los siervos de la gleba eran esclavos. Ninguno podía salir de su casa solariega sin el permiso expreso del señor. Un siervo era requerido para que desarrollara servicios sin compensación alguna, y adicionalmente entregaba al señor de la casa parte de lo que ganaba o producía. Incluso su cuerpo pertenecía al dueño del feudo, quien podía usarlo o disponer de él para sus deseos.

Por otro lado, los siervos tenían derecho a la protección de su señor, y a asistencia médica, financiera o de cualquier otro tipo si las circunstancias lo requerían. En la mayoría de casos, el siervo también tenía derecho a su tenencia (el lote de tierra que trabajaba, o cualquier otro oficio que realizara), y no podía ser desposeído arbitrariamente. Los siervos eran cuidados por sus señores si no podían trabajar por razones tales como edad, debilidad, enfermedades, o incluso pereza. De hecho, aunque no tenían libertad personal, poseían cierta seguridad que no era posible para ninguna otra clase, incluyendo la nobleza.

De este modo, había dos peligros al huir de sus amos. Podían ser capturados y castigados, y no había seguridad de que se mantuvieran por sí mismos. Para que un siervo buscara la libertad, necesitaba valor físico y un tipo de iniciativa personal que usualmente estaba ausente en aquellos que nacían esclavos.

Traducido a términos modernos, los Bastos describen a quienes han nacido pobres, perteneciendo a un grupo discriminado, o con alguna desventaja —pero que vencieron esas desventajas para alcanzar un éxito notable—. A nivel personal, describen a una persona que se ha hecho a sí misma, con poca o ninguna ayuda, e incluso superando fuerzas opuestas. Estas personas también entienden lo que usted está atravesando, y ofrecen consejos y ayuda. A diferencia de los individuos representados por las Copas, si alguien del palo de Bastos está a su lado, su consejo siempre será valioso, pues no está basado en un amor ciego, sino en experiencias personales. Estas personas saben lo que dicen, especialmente cuando aconsejan cómo tener éxito. Son inteligentes, ambiciosos, trabajan duro, y tienen iniciativa. Son confiables, hacen exactamente lo que dicen que harán —sea malo o bueno, o contra alguna otra persona—.

Es importante observar en este contexto, que un individuo del palo de Bastos no sólo tiene la voluntad de alcanzar sus metas, también tiene la capacidad para hacerlo.

Otra descripción comúnmente aceptada es que en algunos casos su comportamiento tiende a ser *nouveau riche*: llamativo al vestir, ama los lujos, y muestra lo que ha conseguido. La mayoría de tales interpretaciones adicionan que cualquier crítica de este comportamiento probablemente provenga de personas cuyo estatus fue heredado.

Estas personas que se satisfacen exhibiéndose, simplemente disfrutan lo que han logrado. En efecto, por haber trabajado duro para conseguir su éxito, son generosos consigo mismos y con los demás.

Los eventos o las situaciones que describen los Bastos involucran el potencial para el éxito. Los Bastos en una lectura indican la habilidad u oportunidad del consultante para alcanzarlo a pesar de los obstáculos, o describen a alguien, o un juego de circunstancias, que favorecen al consultante y serán útiles de algún modo. También indican buena suerte: eventos y situaciones que lo favorecerán. Observe aquí, que mientras las interpretaciones de la mayoría de las cartas se refieren a negocios o finanzas, su "negocio" puede ser cualquier actividad en la que trata de tener éxito, aunque no involucre hacer dinero.

Si una carta de Bastos describe al consultante, entonces él (o ella) tiene las cualidades de este palo, y puede depender de su experiencia, conocimiento, e instinto en las situaciones descritas. Es alguien que ha triunfado o puede tener éxito gracias a su propia iniciativa.

Los Pentáculos y los Bastos son palos hermanos, como lo son las Copas y las Espadas. El palo de Pentáculos es el de la riqueza, y los Bastos representan los logros personales. Este palo también describe gloria mundana, y usualmente indica éxito financiero. También sugiere el concepto de la realización del potencial al máximo; y si tal logro trae o no consigo retribución económica, depende de las circunstancias, pero la verdadera recompensa prometida por este palo es éxito personal en los términos definidos por el consultante.

Descripción del símbolo del palo

Las representaciones de los Bastos varían mucho entre una baraja y otra, y además, más que en cualquier otro palo, tienden a ser mezcladas dentro de una misma baraja. En algunos casos, los Bastos son varas con extremos decorados o redondeados. A veces son palos de madera, obviamente cortados de madera viva, con hojas y/o flores creciendo en al menos un extremo. Incluso suelen aparecer como bates de béisbol toscamente elaborados. Esta representación es a menudo combinada con una de las otras dos. Por ejemplo, en un palo que muestra varas con extremos redondeados, o palos de madera viva, el As puede ser un bate, al igual que el símbolo llevado por el caballero.

En barajas que muestran los Bastos como palos, el simbolismo es de crecimiento continuo, y cuando aparecen como varas, significan el éxito alcanzado. Los bates probablemente representan la vulgaridad de las raíces de la persona relacionada con este palo, y la voluntad de luchar por una posición. Cualquiera de las tres interpretaciones, o una combinación de ellas, muestra la alegoría inherente a este palo: objetivos realizados gracias al esfuerzo personal. Los Bastos alegorizan éxito en lo financiero, iniciativa personal, y a veces buena suerte.

*El Rey de Bastos es un
hombre de estatus y
riqueza, o el tiempo de
hacer movimientos
en los negocios.*

Rey de Bastos

Descripción

En la mayoría de barajas es mostrado como un hombre distinguido
sentado en un trono. Puede o no aparecer con corona o armadura. A
veces está vestido como Rey, pero puede también ser visto como un
comerciante próspero. Obviamente luce seguro de sí mismo y cómo-
do por su posición. Su basto es una vara o un palo de madera viva
(con una altura aproximada a la de él si estuviera parado), y lo sostiene apoyado a su hombro o frente a él. De cualquier forma, la longitud
del basto es claramente visible para el observador. El Rey es un hombre orgulloso de sí mismo y seguro de su posición.

Significado

Cuando aparece el Rey de Bastos en la lectura, se debe pensar en un
hombre de estatus y riqueza, que sobresale en los negocios y las finanzas. Generalmente es un individuo de origen humilde que ha triunfado gracias a un golpe de buena suerte o, más a menudo, debido a su
propia inteligencia y determinación. Es probable que sea alguien que

el consultante admira por su posición y sus logros. De hecho merece dicha admiración: sus palabras son buenas y sus consejos son confiables. Si quien consulta la lectura es un hombre, el rey puede representar un rival, pero generoso y honesto. Si es una mujer, este hombre es un pariente o amigo cercano, y siempre un buen consejero.

Si la carta no describe a una persona, indica que la situación es favorable, o al menos justa, para el consultante, y que probablemente es un buen tiempo para realizar movimientos en negocios o finanzas.

En la lectura

Al derecho: un hombre de estatus y riqueza, dispuesto a ayudar al consultante con consejos o dinero. Es honesto, consciente e inteligente. Si es un rival, será un oponente justo y generoso. Si es un amigo, es bueno que siga los consejos de este individuo. Si no es una persona, la situación misma es verídica: las cosas son lo que parecen ser. Además, la posibilidad de recibir buenas noticias, referentes a una herencia, al progreso en la carrera, o al éxito de una empresa actual o próxima a iniciarse. Ayuda o consejo inesperados, que harán más fácil el desarrollo de su empresa.

Al revés: un hombre con autoridad y riqueza, austero pero tolerante. No se esforzará en ayudarlo, pero no lo obstaculizará innecesariamente, y aprobará lo que usted haga por sí mismo. Si no es una persona, tendrá que trabajar duro para alcanzar el éxito, pero las circunstancias son generalmente favorables en esta época. Puede que no consiga mucha ayuda, pero no hay nada que lo detenga para alcanzar sus objetivos.

*La Reina de Bastos
representa una mujer
buena, honorable
e inteligente, o una
ayuda valiosa.*

THE QUEEN OF WANDS

Reina de Bastos

Descripción

Muchas barajas la muestran parada, sosteniendo el basto en su mano derecha, y con un extremo apoyado sobre el suelo. Algunas veces aparece sentada en un trono. En cualquier caso, el basto es más alto que ella. Puede o no tener corona, depende de si la baraja la representa como una reina o simplemente como una mujer bien vestida. Frecuentemente sostiene algún otro símbolo en su mano izquierda. A veces un cetro pequeño o un rollo, a veces una gran flor (casi siempre un girasol). Al igual que el Rey, se muestra relajada y cómoda con su posición.

Significado

La Reina de Bastos simboliza una mujer con dinero y propiedades. En las interpretaciones originales, y especialmente en nuestros tiempos, es muy posible que tenga o haya ganado su propio estatus financiero, en lugar de simplemente ser partícipe de la fortuna de su esposo. Es generalmente alguien que demuestra amor por los lujos, viste bien, y disfruta el poseer bienes materiales.

Puede ser generosa y amorosa, pero aunque su personalidad puede ser más atrayente que la del Rey, también tiende a ser más cuidadosa respecto a las personas que ayuda o ama. Es tan sensible —y práctica— en las relaciones personales como en los negocios. Espera valor recibido por valor dado; amor recibido por amor dado: casi un estándar de mercado. Sin embargo, ella es sincera cuando da su amor. Si quien consulta la lectura es un hombre, esta mujer puede representar a su esposa, o a aquella con quien debería casarse (especialmente si tiene la intención de triunfar financieramente, y necesita a alguien que comparta su carga). Si es una mujer quien consulta, la reina representa una confidente y amiga de mucho tiempo.

Si este arcano menor simboliza una situación, entonces es el momento ideal para iniciar una nueva empresa, especialmente una que tenga que ver con finanzas. Usualmente puede esperar el apoyo y los consejos de personas cuya ayuda será valiosa. Esta carta también puede indicar que usted tiene las cualidades necesarias para tener éxito en sus actividades.

En la lectura

Al derecho: una mujer honorable, buena e inteligente que ama los lujos. Aprecia al consultante y desea ayudarlo con dinero o consejo, o con las dos cosas. Una mujer de negocios o con posesiones; aquella que sabe cómo manejar su dinero para beneficio propio y de su familia. Una buena consejera económica. Epoca ideal para que haga sus movimientos en una actividad importante, especialmente una que involucre negocios o finanzas.

Al revés: una enemiga peligrosa, pues actúa más con la inteligencia que con emociones. Es especialmente dañina si se ven amenazados su posición, su familia o sus negocios. Si no es una persona, es el momento de tener cautela, especialmente en relaciones importantes (de negocios o cualquier otro tipo). Engaño, infidelidad, envidia, codicia.

El Caballero de Bastos
es un hombre joven fiel y
digno de confianza, un
viaje, o un cambio de
trabajo o relación.

Caballero de Bastos

Descripción

La mayoría de barajas muestran un hombre joven sobre un caballo encabritado o furioso. A veces aparece sosteniendo el basto como un arma, y atacando un enemigo. En otras barajas, su posición indica que está admirando el basto que sostiene.

Significado

Si esta carta representa a una persona, será un hombre joven que el consultante ve como un pariente o amigo servicial. Este individuo tiene las mismas características de sus padres simbólicos. Es digno de confianza, altruista y fiel, alguien que renunciará a algo por usted. Si la carta no representa a una persona, generalmente indica un viaje, o un cambio de residencia, de empleo, o de relaciones personales.

En la lectura

Al derecho: un amigo a pariente que desea ayudar al consultante. Es un hombre joven, pero maduro en su comportamiento, tiene un entendimiento casi instintivo en los negocios y asuntos financieros, el cual está mejorando con entrenamiento y experiencia. Además, un amigo desinteresado. En cualquier caso, es alguien que le brinda consejos confiables. Un viaje, un cambio de residencia o situación.

Al revés: disputas, discordia en relaciones personales. Ruptura de una amistad; separación.

El Paje de Bastos
indica que un joven amigo
trae un mensaje; o
información que afectará
su actual empresa.

THE PRINCESS OF WANDS

Paje de Bastos

Descripción

La mayoría de barajas muestran un hombre joven parado en un campo, apoyado sobre un basto o palo, que generalmente es más alto que él. Usualmente su actitud es de despreocupación y relajación, cogiendo el palo con una mano. En algunas barajas agarra el basto con ambas manos y frente a él. Casi siempre (excepto cuando el basto aparece como un bate pequeño) mira hacia la parte superior del palo. El Paje es mostrado bien vestido, usando trajes similares a los del Rey y la Reina.

Significado

Puede representar un hombre (o una mujer) joven, pero con las mismas características del Rey y la Reina. Es probable que sea sensible por naturaleza, y además fiel. La aparición de esta carta en una lectura indica que usted puede esperar algún tipo de noticia o mensaje. Si la carta representa a una persona, las noticias vendrán de un amigo o pariente joven. De otra manera, será sólo información o un evento que afectará fuertemente su actual empresa. También existe la posibilidad de que este individuo sea un rival (si la carta está al revés, o en una lectura desfavorable).

En la lectura

Al derecho: posible ayuda, o al menos apoyo moral, de un amigo o pariente sensible. Además, si necesita que alguien testimonie a su favor (en negocios o asuntos familiares), esta persona lo hará, o ya puede haberlo hecho. Un amigo fiel, un amante. Espere un mensaje. Un posible contrato probablemente será favorable.

Al revés: si es una persona, es alguien que quiere lo que usted tiene o desea, y que por consiguiente no es digno de confianza. Un rival peligroso. Malas noticias. Inestabilidad e indecisión.

El As de Bastos
significa comienzo,
posiblemente una
herencia, sentimientos
de alegría y triunfo.

As de Bastos

Descripción

Casi todas las barajas, incluyendo las que no muestran un trabajo artístico en los Ases de otros palos, ilustran una mano que sostiene el Basto en su base. En algunas barajas esta mano surge de una nube. Casi siempre el as tiene forma de bate, o al menos tiene una protuberancia más ancha en un extremo. El simbolismo es la determinación y la voluntad para luchar si es necesario. Observe además que generalmente aparecen hojas y ramas creciendo alrededor del palo, o simbolizadas de algún modo en la ilustración (por ejemplo flotando paralelamente). El simbolismo de esta carta es el nuevo crecimiento, a pesar, o tal vez a causa de haber sido cortadas sus raíces.

Significado

El inicio de una empresa, posiblemente relacionada con negocios o finanzas. Creación, invención. Un nacimiento, usualmente de un negocio o una idea. Posiblemente una herencia, que puede ser de dinero o propiedades, o de la habilidad requerida para hacer que la empresa comenzara exitosamente. El estado mental del consultante es también apropiado; a veces esta carta es leída como sentimientos de alegría y triunfo. Esta interpretación es similar a la del as de Espadas, pero en un sentido más positivo. La consecuencia aquí no es la conquista o derrota de los enemigos, sino el rompimiento de vínculos y restricciones que le impedían iniciar su empresa; en efecto, un escape a la libertad.

En la lectura

Al derecho: el comienzo propicio de una empresa o negocio. Buen momento para iniciar. Las circunstancias son apropiadas, al igual que las ideas y el planeamiento. Un estado de triunfo y alegría.

Al revés: decadencia y ruina. El proyecto iniciado fue mal concebido, o usted no tuvo suficiente información o habilidad para idearlo, o tal vez no era el momento adecuado. La otra posibilidad es que su estado mental no sea el indicado. Por ejemplo, la lectura puede mostrar que usted podría o debería hacer esto, pero carece de suficiente confianza personal y/o en su empresa. En cualquier caso el resultado será fracaso, a menos que se sigan los pasos correctos.

*El Dos de Bastos
anuncia que algo
inesperado sucederá;
también sugiere pérdida
o fracaso en su
nueva empresa.*

Dos de Bastos

Significado

El Dos de Bastos no es una carta de buen augurio. Algo inesperado va a suceder, y lo tomará por sorpresa. Podría significar una pérdida o un fracaso en su nueva empresa.

Observe que algunas interpretaciones invierten este significado completamente, y sugieren riqueza, propiedades, fortuna y magnificencia. Pero la mayoría incluyen que habrá también infelicidad.

En la lectura

Al derecho: problemas imprevistos con su nueva empresa. Obstáculos, oposición y poca posibilidad de apoyo por parte de las personas con que usted cuenta. Es probable que haya pérdidas de dinero, fracaso de un matrimonio o sociedad, descontento en general por la manera en que están saliendo las cosas. Un éxito aparente se torna agrio.

Al revés: sorpresa, evocación de fuertes sentimientos. Va a recibir una sorpresa de algún tipo; las cartas acompañantes revelarán si es buena o mala. Lo más probable es que traiga problemas.

*El Tres de Bastos
indica problemas que
pueden ser resueltos si la
persona conserva su
calma, dignidad
e inteligencia.*

Tres de Bastos

Significado

El Tres de Bastos indica problemas que pueden ser resueltos si la persona en cuestión permanece en calma, y actúa de manera madura e inteligente. El consultante puede superar cualquier problema anterior. No actúe impulsivamente; usted sabe lo que hace. Use su experiencia y sentido común.

En efecto, si sus problemas fueron causados por sus propios errores, los resolverá actuando de una manera madura y responsable. Si fueron producto de la interferencia u oposición de otras personas, aún puede solucionarlas adoptando una actitud firme. También puede esperar que otras personas lo ayuden o aconsejen.

En la lectura

Al derecho: una acción decorosa en su negocio o empresa dará como resultado una ganancia financiera. También puede conseguir ayuda de un consejero o socio. La carta indica cooperación y madurez como la clave para una acción exitosa. Más generalmente: éxito en negocios o comercio; negociaciones. Una base sólida puede ser o ha sido establecida.

Al revés: sus problemas están resueltos. Puede esperar el fin, o al menos un receso, de las disputas y la adversidad.

*El Cuatro de Bastos
muestra que usted está
libre de problemas;
relájese y disfrute la vida
por un tiempo.*

Cuatro de Bastos

Significado

Una sensación de alivio: tuvo algunas épocas difíciles, pero luego sus problemas se resolvieron repentinamente. Ahora usted siente que es tiempo de relajarse y disfrutar la vida por un tiempo. Esta carta generalmente indica felicidad, armonía en los negocios y actividades sociales agradables.

En la lectura

Al derecho: diversión y alegría. Los placeres que el dinero puede comprar; una perspectiva material de la vida; gastar el dinero en lo que se desea. Armonía con los que están a su alrededor; una situación de prosperidad y confort.

Al revés: casi el mismo significado, pero posiblemente con menos extravagancia. Prosperidad. La satisfacción personal de un trabajo bien hecho.

El Cinco de Bastos
significa codicia,
competencia por
ganancia económica,
apuros financieros.

Cinco de Bastos

Significado

Está ocupando la mayor parte de su tiempo tratando de hallar la forma de ganar más dinero y bienes materiales. Esto no se refiere simplemente a hacer que sus negocios prosperen, es una competencia codiciosa por ganancia material. Espere problemas por un tiempo, causados por esta lucha mano a mano. Si todo es causado por usted mismo, está en condiciones de aliviar dicha situación. Si son otras personas las que originan el problema, tendrá que luchar para conservar lo que tiene. [Nota: algunas interpretaciones llaman a esta la carta de la ganancia o la riqueza. Quizás pueda lograr la fortuna que está buscando si las otras señales son favorables].

En la lectura

Al derecho: codicia y competencia por ganancia económica y bienes materiales. Una lucha por riqueza y fortuna. Apuros financieros. Decisiones u objetivos inmaduros.

Al revés: la competencia no es justa ni honesta. Espere engaños, disputas, e incluso problemas legales.

*El Seis de Bastos
representa muy buenas
noticias, un mensaje de
esperanza y victoria;
puede indicar que el
consultante recibirá
regalos próximamente.*

Seis de Bastos

Significado

El consultante puede esta vez esperar algo positivo. Espere muy buenas noticias, un mensaje de esperanza y victoria. La carta también sugiere regalos que recibirá el consultante próximamente. En cualquier caso, sucederá algo que ha deseado.

En la lectura

Al derecho: buenas noticias. Un deseo será realizado. Regalos recibidos. Usted ha hecho, o está próximo a hacer, una conquista importante. Ha llevado sus asuntos a un punto exitoso, y está por recibir recompensa y reconocimiento por sus esfuerzos.

Al revés: retrasos, probablemente causados por traición. Sus temores son justificados. Prepárese para la batalla. Deslealtad, infidelidad, obstáculos que pueden frustrar su empresa.

El Siete de Bastos
predice el éxito
alcanzado por el valor y
la determinación.

Siete de Bastos

Significado

El Siete de Bastos anuncia éxito logrado por el valor y la determinación. Es una carta de beneficios y ganancia. Usted ha enfrentado la competencia y emergerá victorioso. Si la carta es la respuesta a una pregunta previa, puede también indicar un buen momento para arriesgarse, especialmente en un asunto que involucre dinero.

En la lectura

Al derecho: ganancia económica. Exito. Habrá competencia y lucha, pero si se mantiene firme puede vencer a sus enemigos.

Al revés: considere esta carta una advertencia para que no sea indeciso. Haga ahora mismo lo que tiene en mente. Está confundido y no sabe qué movimiento realizar, pero la situación es tal que incluso una acción equivocada pero decidida, será mejor que no hacer nada. Este no es el momento para incertidumbres o indecisiones.

El Ocho de Bastos
sugiere que este es el
momento de actuar, ser
optimista, y planear los
siguientes movimientos.

Ocho de Bastos

Significado
Luche por sus objetivos, este es el momento. Está en el camino de un éxito casi asegurado. No se precipite, simplemente sea activo. También es tiempo de que planee sus siguientes movimientos.

Prepárese para los eventos próximos a suceder, y lo que sigue después de ellos. Las cosas van a empezar a moverse a partir de ahora. Observe que aunque este palo usualmente se relaciona con negocios y finanzas, esta carta puede también indicar el despertar del amor, entre personas o por el trabajo.

En la lectura
Al derecho: es tiempo de actuar, de iniciar la siguiente etapa de la empresa. Es el momento de ser optimista. Las cosas están en movimiento, muévase con ellas. Además: buena suerte, surgimiento de amor.

Al revés: disputas, envidia, riñas internas (entre esposos, compañeros de trabajo, etc.), oposición. Hay movimiento, pero la situación o las consecuencias pueden ser desagradables. Esté preparado; sepa exactamente lo que hace.

El Nueve de Bastos
representa un trabajo
bien hecho, la habilidad
para planear sabiamente,
y el valor bajo el fuego.

Nueve de Bastos

Significado

El trabajo ha sido desarrollado exitosamente. La persona referida por esta carta ha aprendido a disciplinarse, a planear sabiamente, y a tener valor bajo el fuego. Incluso si hay problemas (que pueden ser mostrados por otras cartas en la lectura), usted sabe cómo enfrentarlos. Si hay una oposición, sus habilidades, su fortaleza y su valor lo convertirán en un gran adversario.

En la lectura

Al derecho: fortaleza, audacia. Habilidad para enfrentar problemas. Autodisciplina, orden. Exito final en sus actividades.

Al revés: fracaso, calamidad. La posibilidad de que no haya aprendido nada de todo lo que ha realizado; su éxito ha sido frustrado por su propia obstinación. Pérdida de dinero; disputas entre amigos o compañeros. Obstáculos y retrasos. Espere lo peor.

El Diez de Bastos sugiere la sensación de que usted puede hacer cualquier cosa, pero también advierte no dar por sentado todo.

Diez de Bastos

Significado

La sensación de que puede hacer cualquier cosa, ganar en todo. Esto puede motivar a un juego de grandes apuestas que puede dar como resultado enormes ganancias. [Nota: si las cartas acompañantes representan oposición, de todos modos habrá ganancia, pero traerá también problemas e infelicidad].

Esta carta también advierte no dar todo por sentado. Usted ha tenido éxito en su empresa inicialmente, pero ahora se encuentra en una posición en la que debe alcanzar objetivos mayores, y las cosas serán tan difíciles como al comienzo.

En la lectura

Al derecho: fortuna, ganancia, éxito, pero posiblemente también infelicidad. Incertidumbres en su empresa; pero si adopta una actitud firme vencerá la oposición y obtendrá seguridad y honor.

Al revés: intrigas y dificultades. Estas pueden ser legales (un pleito), o entre personas. Una gran posibilidad de pérdida; si las cartas acompañantes son negativas, puede perder todo lo que ha ganado. Traición. Nota: si esta carta está al revés, pero las cartas circundantes son positivas, las influencias negativas permanecerán, sin embargo usted podrá vencerlas. En ese caso, este arcano advierte problemas y falsos amigos.

Tercera Parte

Adivinación con el Tarot

Como leer la fortuna

Hay muchos sistemas diferentes usados para leer el Tarot, y no hay razón para suponer que un sistema es mejor que los otros. Algunos lectores usan un método para diversos tipos de circunstancias. Otros establecen un sistema que consideran como el mejor para usar todo el tiempo.

Usted mismo decide finalmente qué método va a utilizar para leer el Tarot. El mejor sistema es aquel que le ofrece respuestas fluidamente.

Este capítulo le da el procedimiento básico para practicar lecturas de Tarot, con explicaciones, para el lector y el consultante, de cómo obtener la mayor información de lo que las cartas tratan de decirle. El siguiente capítulo describe tres métodos diferentes. Ccada uno incluye una lectura simple, hecha específicamente para propósitos de este libro, como una ilustración de la interpretación y correlación de los significados de las cartas. Empecemos con algunas definiciones básicas.

Hay dos personas involucradas en cualquier lectura —incluyendo la que haga para usted mismo—. La primera es la persona que distribuye las cartas e interpreta sus significados (usualmente llamada lector, adivinador, o vidente). La segunda es la persona para quien se hace la lectura (consultante).

Para ambas, el propósito es entender una situación existente o próxima a suceder. Usted debe buscar información que no está disponible fácilmente por métodos ordinarios. Esa información —si utiliza bien las cartas— será suministrada por su herramienta de adivinación, en este caso la baraja de Tarot.

Como lector, su prioridad —incluso antes de coger la baraja— es asegurarse que el consultante entienda lo que se hace.

Si quien hace la consulta está familiarizado con las lecturas de Tarot, no hay mucho que tenga que explicar. Si nunca antes ha realizado lecturas para determinada persona, debe explicarle cómo quiere que maneje las cartas y, dependiendo del tipo de lectura, cómo quiere que exprese sus preguntas. Usted puede explicar cómo funciona su sistema (la importancia de cartas individuales en su arreglo o método) mientras hace la lectura.

Si el consultante nunca antes ha solicitado una lectura, entonces necesita explicaciones adicionales. Debe empezar diciéndole qué tipos de preguntas responderá el Tarot. Una manera de hacerlo es simplemente expresándole que esta herramienta de adivinación puede revelar información acerca de su pasado, presente y futuro, y/o acerca de personas o situaciones con las que está involucrado. El Tarot no predecirá el número de la lotería —pasado, presente o futuro. Así que asegúrese que el consultante entienda los siguientes aspectos básicos del funcionamiento de una lectura:

Primero, usted puede hacer una lectura generalizada (esto es, una en la que no se hacen preguntas, sólo una descripción de lo que actualmente sucede en la vida del consultante). Pero si hay una inquietud, debe ser expresada adecuadamente. Entre más específica sea su pregunta, más precisa será la respuesta.

Segundo, haga o no una pregunta, las cartas le dirán lo que necesita saber, y ello puede no ser necesariamente lo que espera o quiere oír.

Tercero, el futuro es variable. Usted no lee la fortuna para averiguar lo inevitable; si ese fuera el caso, cualquier trabajo de adivinación no tendría sentido, e incluso podría ser deprimente. Las cartas le dicen lo que posiblemente sucederá, dadas las circunstancias pasadas o presentes. Si la pregunta ha sido formulada apropiadamente, también le dirán por qué suceden o probablemente ocurrirán estos eventos, y sugieren una posible forma de actuar. El consultante es quien decide cuáles pasos puede dar para que ocurra o no un suceso.

Cuarto, puede suceder que la pregunta hecha, así esté bien formulada, no sea apta para ser respondida. Esto principalmente ocurre si el consultante nunca antes ha solicitado una lectura, o ha pasado mucho tiempo desde la última vez. Lo que pasa en este caso es que las cartas ignoran la pregunta, y se dirigen a una situación completamente diferente. En los casos en que he visto que esto sucede, la pregunta respondida ha sido mucho más importante para el consultante. Es como si algo hubiera estado intentando llegar a esta persona, y hubiese aprovechado la oportunidad de una lectura de Tarot como medio de comunicación. Si se le presenta este caso, termine de todos modos la lectura, dándole al consultante toda la información que pueda. Luego, si el consultante aún desea que la pregunta inicial sea respondida, puede hacer una segunda lectura, donde generalmente averiguará la información requerida por la primera pregunta.

Finalmente, a veces no obtendrá la respuesta a la pregunta. Asumiendo que el lector no está desenfocado (nadie puede ser clarividente todo el tiempo), generalmente hay dos razones para que las cartas no respondan. La primera es debida a que la pregunta no fue lo suficientemente específica. El viejo axioma "si desea encontrar una respuesta, primero debe conocer la pregunta" obviamente se aplica a las lecturas de Tarot. Si piensa que esto puede ser un problema, simplemente organice de nuevo la pregunta e intente otra vez. Con el tiempo aprenderá cómo deben ser formuladas las preguntas para obtener la mejor información.

Otra razón para que no se dé la respuesta es que el consultante no debe saber la respuesta en este tiempo. Hay momentos en que no es bueno, e incluso puede ser peligroso, saber anticipadamente el resultado de una determinada situación. Las respuestas que obtendrá del Tarot corresponden a cualquier información disponible para el consultante en el momento actual —o sea, información que éste puede conocer—.

Si las cartas no responden, puede intentarlo de nuevo unos días o una semana después. Para ese tiempo es posible que la situación haya cambiado, de tal forma que el Tarot le dé al menos una indicación de lo que sucede.

También existe la posibilidad de que una respuesta pueda ser confusa o sin fundamento. Esto generalmente sucederá en una lectura que haga para usted mismo, aunque también puede ocurrir si la hace para alguien que conoce muy bien.

En este caso es muy probable que esté obteniendo una respuesta precisa, pero que simplemente no la está "escuchando". Los lectores de Tarot también son humanos —y como todos los demás tienen la tendencia a sacar conclusiones que no son basadas en la realidad o en sus propias habilidades intuitivas—. Cuando usted sabe, o piensa que sabe, demasiado acerca de la situación o el consultante, hay una inclinación a hacer suposiciones, o a leer cosas en las cartas que no están ahí. Esta es la razón principal por la que la lectura más difícil es la del mismo lector.

Sin embargo, esto no significa que no pueda aprender a realizar su propia lectura. Si la lectura es para usted mismo o para un amigo cercano, debe aprender a separar el lector del consultante para que desconecte sus facultades conscientes a fin de tomar decisiones, y deje que las cartas fluyan libremente.

Recuerde que va a usar las cartas para obtener un juicio independiente de la situación, y no para reflejar sus propias ideas. Simplemente interprete las cartas como las ve y acepte lo que dicen.

Ahora examinemos el procedimiento para hacer una lectura de Tarot. Sin importar el sistema usado, en casi todas las lecturas la primera carta que colocará sobre la mesa es la que los lectores del Tarot llaman el significador.

Escoger el significador

El concepto básico del Tarot es que cada individuo es el centro de su propio microcosmos. Así que cuando realice una lectura, ubique al consultante en el centro del arreglo. Antes de barajar, escoja una carta que represente al consultante (o si la pregunta lo requiere, alguna otra persona, o la naturaleza de la situación relacionada con la pregunta). Esta carta se conoce como el significador.

Hay varias formas de escoger un significador. Para uno que represente al consultante, algunos lectores usan una de dos cartas de los Arcanos Mayores: el Mago si el consultante es un hombre, y la Sacerdotisa si es una mujer.

Si prefiere usar un significador que describa específicamente al consultante (o si la pregunta es acerca de otra persona), puede usar una de las cartas reales de los Arcanos Menores.

Empiece seleccionando una carta que describa la edad y el sexo del individuo. Las elecciones aquí son estándar. Use un Rey si el consultante es un hombre de cuarenta o más años; si es menor de cuarenta utilice un Caballero. Si quien solicita la lectura es una mujer de cuarenta años o más, debe emplear una Reina; y para una más joven utilice el Paje. Este último también se puede usar para adolescentes y niños.

Hay mayor libertad para elegir el palo, pero también hay que tomar decisiones. Debe escoger el palo que mejor describa las características personales del individuo.

Si sabe o presiente qué tipo de persona está tratando, elija el palo que a su juicio represente mejor su naturaleza. También puede basar su elección en el estado emocional o la actitud del consultante en esta situación. O puede seleccionar un palo para representar su principal interés. Finalmente, puede simplemente elegir un palo que describa la apariencia física del consultante.

Al seleccionar el palo tenga en cuenta sólo uno de los criterios anteriores, no trate de reunirlos todos. Por ejemplo, una persona enérgica debería ser representada por Espadas, así sea rubia. Alguien cuyo interés principal involucre negocios o la profesión, debe simbolizarse con Bastos, aunque su cabello sea negro y su piel oscura. Basarse en la apariencia física es el último recurso en cualquier caso. Siempre es mejor hacer la selección con base en los rasgos de carácter mientras se pueda.

A continuación veremos las guías tradicionales para elegir la carta más representativa. He organizado el orden de los palos, desde el color más claro hasta el más oscuro, pues esta secuencia en particular hace más fácil recordar las descripciones.

Bastos (Aire)

Apariencia física: personas bastante blancas, incluyendo a quienes tienen cabello rubio o castaño rojizo, tez rubia y ojos azules.

Carácter o estado emocional: una persona ambiciosa o que se ha hecho por sí misma. Una persona generosa, o aquella que se interesa por ayudar a los demás. Un individuo exitoso y seguro de sí mismo.

Principal interés: si la pregunta involucra habilidades en la carrera, ambición personal, o la probabilidad de éxito en alguna empresa.

Copas (Agua)

Apariencia física: alguien de color ligeramente más oscuro. Una persona con ojos azules o grises, y pelo castaño claro o rubio apagado. La piel puede ser aún rubia.

Carácter o estado emocional: una persona afectuosa o amorosa. Alguien que evita las disputas, trata de crear paz todo lo posible. Un individuo letárgico e incluso perezoso, de buen temperamento, feliz, agradable, o bueno.

Principal interés: si la pregunta involucra la vida emocional del consultante, cualquier situación donde la clave para una solución sea lo que este individuo siente, o debe sentir, acerca de las personas o eventos involucrados. Se incluyen asuntos espirituales.

Espadas (Fuego)

Apariencia física: personas con cabello castaño oscuro y ojos grises o avellanados, con un tono de piel oscuro.

Carácter o estado emocional: una persona dominante. Alguien fuerte, saludable y/o enérgico. Un individuo impaciente, colérico, vengativo o contencioso. Además, alguien frío o poco humanitario.

Principal interés: si la pregunta involucra estado mental o intelectual. Si la pregunta tiene que ver con decisiones que deben concretarse, especialmente aquellas que requieren un pensamiento claro y carecen de influencias emocionales. Nota: use este palo para representar enemigos sólo si el significador es escogido para representar el oponente del consultante y no éste último.

Pentáculos (Tierra)

Apariencia física: personas con el color más oscuro; cabello y ojos negros, tez morena o cetrina.

Carácter o estado emocional: una persona sin espiritualidad, de mente muy mundana. Un individuo centralizado en el dinero y los bienes materiales. También, alguien bien vestido.

Principal interés: si la pregunta involucra estatus material o físico, asuntos de dinero, o preguntas sobre propiedades o herencias.

Tenga en cuenta que estas descripciones son sólo pautas que puede usar hasta que se familiarice más con las cartas, y sea más hábil para hacer las lecturas. Finalmente llegará al punto en el que sabrá cuál carta representa al consultante. Pero incluso como principiante, si tiene la intuición acerca de la carta que mejor funciona como significador, entonces úsela, sin importar qué tanto contradiga las anteriores sugerencias, y no pueda explicarse por qué la escogió.

Para algunas lecturas, es mejor que use como significador una carta que describa la situación o la pregunta. En ese caso, escoja su carta de los Arcanos Mayores, buscando el triunfo que mejor ilustre las circunstancias. Por ejemplo, si la situación involucra asuntos de ley, o la base de la pregunta es si se hará o no justicia (no necesariamente se refiere a si el consultante ganará), escoja la carta de la justicia como significador. Si su consultante está involucrado en una lucha difícil de cualquier tipo, o está enfrentando a enemigos u oposición, y quiere saber si podrá manejarla, entonces escoja la carta de la fuerza. Analice bien cuáles interpretaciones básicas de las cartas se ajustan a la situación.

Finalmente, a veces el significador será escogido para usted mismo. En algunas lecturas puede encontrar que mientras la pregunta está siendo respondida, la carta final, o de resultado, es inconcluyente o enigmática. Si ese es el caso, use dicha carta como su significador cuando haga una segunda lectura para clarificar la respuesta.

Manejo de las cartas

Una vez que haya escogido el significador, las cartas deben ser barajadas y cortadas para la lectura. El método para hacer esto es bastante simple. Sin embargo, diferentes lectores adicionan sus variaciones, y en cada caso por algunas muy buenas razones.

Tratar de incluir todas, o incluso la mayoría de esas variaciones aquí, daría como resultado una disertación innecesaria. Lo que he hecho es simplemente mostrarle el método básico como punto de partida. Pero si encuentra, o inventa, cualquier pulimento para este sistema que lo haga funcionar mejor para usted, entonces úselo. La definición de la mejor forma de preparar una baraja es simple: use cualquier método consistentemente lo cual da como resultado lecturas precisas. Dicho eso, la siguiente es la forma de barajar y cortar.

Mantenga la baraja cara abajo

Habiendo sacado el significador de la baraja, las cartas deben ser bien barajadas por el lector. Esto sirve para dos propósitos: asegura que las cartas estén bien mezcladas, y "limpia" la baraja de influencias que pueden permanecer de las anteriores lecturas. Cuando baraje no trate de mantener todas las cartas mirando a una sola dirección. Recuerde que la que quede al revés en la lectura puede cambiar el significado.

Después el consultante debe hacer su pregunta (si esta es una lectura general, puede saltar este paso). La pregunta debe ser formulada lo más clara y precisa posible, y expresada en voz alta.

Si el consultante tiene problemas al formular la pregunta, entonces dígale que explique el inconveniente hasta que tenga suficiente detalles para sugerirle cómo debe expresar la pregunta. Trate de no sacar demasiada información: debe obtener respuestas de las cartas del Tarot, no de sus propias ideas preconcebidas acerca de la situación.

Con la pregunta en mente, las cartas son ahora barajadas para la lectura. Baraje al menos tres veces, o más si siente la necesidad (o hasta que la baraja se sienta "apropiada"). Esto puede ser hecho por el consultante o el lector, dependiendo de su preferencia. Sin embargo, tenga en cuenta que si decide barajar usted mismo, no debe ser causa de que el consultante no sepa cómo manejar las cartas. El orden en el cual aparecen las cartas durante una lectura no es accidental. Sin importar quién baraje, o que tan mal lo haga, las cartas que aparecen en la lectura serán las correctas para obtener la respuesta.

Después la baraja debe ser cortada. Sin importar quién barajó, esta operación debe ser realizada por el consultante. El procedimiento usual es cortarla dos veces, en tres montones, y no importa si éstos son iguales.

Encontrará que muchos libros sobre Tarot especifican que la baraja sea cortada con la mano izquierda. La razón es que la mano derecha, o dominante, está más involucrada en las actividades conscientes, y la izquierda está más acorde con el subconsciente o nivel psíquico. No he visto comentarios de que una persona zurda deba cortar con la mano derecha. Incluso los autores que incluyen este paso en sus instrucciones están de acuerdo que no es esencial para obtener una lectura precisa. Ensaye y vea si hay diferencias en los resultados de sus lecturas.

Después que el consultante corte la baraja, el lector coge los tres montones y forma uno solo. Luego se toman las cartas en orden desde la parte superior de la baraja hasta que tenga suficientes para terminar su tirado o método. El resto del naipe es puesto a un lado, no se usará para esta lectura.

Puede voltear las cartas cara arriba una por una mientras las interpreta, o puede voltearlas todas a la vez para obtener una impresión general de las principales influencias a tratar antes de empezar la interpretación. Cuando voltee las cartas cara arriba, hágalo de izquierda a derecha, y no de la parte inferior a la superior, de tal forma que continúen mirando en la dirección original. Esto es especialmente importante si está usando cartas al derecho y al revés en su lectura.

[Nota: no importa si el consultante está sentado frente o cerca a usted. La posición relativa de cualquier carta en la lectura depende del lugar donde usted está sentado. Las cartas son siempre leídas como miran al lector.]

Hacer una lectura

Ahora que finalmente ha distribuido las cartas para una lectura, las siguientes son algunas pautas para determinar qué tratan de decirle. Primero, en una lectura, cada carta es considerada separadamente en principio, y luego en relación a las otras. La naturaleza de las demás cartas de la lectura alterará el significado de una carta individual, fortaleciéndola o debilitándola, o ayudando a clarificar su propósito.

Por ejemplo (tenga en cuenta que estas son sólo generalidades, una interpretación real dependería de la cartas que aparezcan en una lectura específica, y de cómo están posicionadas), el Rey de cualquier palo tiene una fuerte influencia sobre el resultado de una situación. Sin embargo, esta influencia puede ser aumentada o disminuida si el Rey de otro palo aparece en la misma lectura. La presencia del Rey de Bastos, específicamente en una lectura cargada de Bastos y/o Pentáculos, indica que alguien influyente puede querer ayudarlo a nivel profesional. Si aparece también el Rey de Copas, es más fuerte la indicación de que alguien está trabajando a su favor, o al menos es amigable con usted. Pero si aparece el Rey de Espadas, tiene un poderoso enemigo, que puede ser el Rey de Bastos, o cualquiera que esté en su contra.

El tipo de situación bajo discusión también clarifica el significado de la carta individual. Por ejemplo, el Seis de Bastos predice regalos recibidos, un deseo realizado. La pregunta es, ¿cuál es la naturaleza del regalo? Si las cartas circundantes son Pentáculos, entonces espere dinero o propiedades y, si son Bastos, se anuncia un ascenso en la carrera. Sin embargo, si las cartas acompañantes son Copas, el regalo tendrá que ver con amor en lugar de dinero: espere flores o un anillo de compromiso.

La forma de la pregunta también debe afectar la manera de interpretar las cartas. Por ejemplo, si la pregunta es acerca de amor, entonces una ganancia material —incluso si es predecida por Pentáculos—

se refiere a un mejoramiento en la relación. Si la pregunta involucra la salud de alguien, entonces la misma carta predice curación. El dinero puede o no ser una influencia en ambos casos, pero se enfoca ante todo en las circunstancias descritas por la pregunta.

No olvide que el factor más importante que afectará sus interpretaciones es el consultante. Por ejemplo, si una lectura predice que éste va a recibir dinero, el origen de tal ganancia depende de su situación. Para alguien que busca trabajo, puede significar que lo conseguirá. Para alguien con empleo, podría referirse a un ascenso, aumento o sobrepago. En el caso de alguien relacionado con negocios, puede significar un aumento en las ventas. Para un estudiante tal vez se refiere a ayuda económica con una beca. Adapte siempre los significados convencionales de las cartas de tal forma que se relacionen con la pregunta o la persona para quien está haciendo la lectura.

Segundo, una vez que las cartas en su tirada estén cara arriba, observe si algún palo domina la lectura. Si es así, tiene un palo regente. Esto significa que el tipo de circunstancias descritas por dicho palo son tan importantes en la actual situación del consultante, que afectarán todo lo demás en lo que esté involucrado. Por ejemplo, si de diez cartas, cuatro o cinco son Copas, y las otras se dividen entre otros palos (incluyendo los Arcanos Mayores), entonces las Copas son el palo regente. Esto significa que los asuntos emocionales son la clave de la pregunta o actual situación del consultante —incluso si la pregunta es acerca de dinero o la carrera—.

Si una carta es flanqueada por dos cartas del mismo palo (especialmente si está rodeada por ellas), entonces, cualquiera que sea su interpretación, tendrá una influencia moderada por el palo de las cartas circundantes, y será regida por dicho palo. Su interpretación de la carta individual, o de la lectura general, debe ser balanceada por la influencia de las cartas regentes.

Las siguientes son las influencias impuestas sobre la lectura por cada palo (si es el regente): si predominan los Arcanos Mayores en una lectura, entonces la propia condición psicológica o espiritual del consultante es lo que determinará el resultado de la situación. Los Arcanos Mayores explican los cambios personales que experimentará el consultante, afectando su punto de vista o la manera en que trata la situación. En efecto, el consultante tiene el control de todo lo que está sucediendo o va a suceder —siempre que se controle a sí mismo—.

Si el palo regente pertenece a los Arcanos Menores, y especialmente si involucra las cartas reales, entonces las principales influencias son externas, y pueden ser circunstancias que el consultante no puede controlar.

Si las Espadas son el palo regente, será duro contrarrestar los enemigos, la mala suerte y la adversidad, y las buenas influencias operarán con mayor dificultad. Esta es una situación muy desagradable y posiblemente peligrosa. Está siendo advertido que personas y/o circunstancias están en su contra. Sea muy cuidadoso.

Si el palo regente es el de Copas, entonces los asuntos emocionales, como el amor, la amistad, y otros sentimientos fuertes, usualmente positivos, influencian el desarrollo y resultado de la lectura. En general, un predominio de Copas también indica que la buena voluntad, hacia el consultante o en general, modificará las circunstancias, fortaleciendo las influencias positivas y debilitando las adversas.

Cuando los Pentáculos dominan la lectura, el desarrollo de la situación estará regido por asuntos prácticos, incluyendo los que tienen que ver con dinero y propiedades. Un predominio de cartas de este palo, no necesariamente significa que el consultante se va a enriquecer. Es más probable que sugiera que se logrará éxito, o resolverán problemas, sólo si hay dinero disponible o puede ser obtenido.

A veces estas cartas señalan negocios o competencia personal sobre asuntos de dinero o propiedades. En cualquier evento, para bien o mal, la lectura tiene que ver con situaciones mundanas, o la influencia o crecimiento de la riqueza.

Los Bastos como palo regente pueden también indicar que la situación está gobernada por negocios, especialmente aquellos que involucran entrenamiento, educación, o progreso en la carrera. Pero frecuentemente, un predominio de cartas de este palo indica que una amistad y/o influencia tendrá el mayor efecto sobre el resultado de la situación. Con cartas buenas, los Bastos significan que los amigos pueden ayudar a asegurar el éxito, y con cartas malas indican que pueden ayudar a superar los problemas. En cualquier caso, usted es aconsejado para que actúe solo. Confíe en sus amigos y contactos y manténgase abierto y unido a ellos.

También debe buscar una combinación de "palos hermanos" como una posible influencia regente sobre la lectura. Un predominio de Espadas y Copas indica que sentimientos fuertes y opuestos son la clave del problema en cuestión: amor y odio, amistad y enemistad, amigos y enemigos, influenciarán la situación. Si los Pentáculos y los Bastos se combinan para regir la lectura, entonces el dinero y los negocios son los asuntos más importantes, y deben ser resueltos antes de cualquier otra cosa.

Tercero, confíe en su perspicacia al interpretar las cartas. Las impresiones, instintivas o clarividentes, que percibe cuando está manejando las cartas, deben afectar sus interpretaciones. El Tarot es un medio para liberar las habilidades psíquicas inconscientes. Pero si incluso si sus habilidades intuitivas son limitadas, o —en su opinión— no existen, las cartas le ayudarán a desarrollar la capacidad necesaria para predecir el futuro. Empiece usando la observación intelectual: haciendo deducciones basadas en las combinaciones de las cartas que aparecen en la lectura, y en la experiencia personal con situaciones similares en su vida. Al comienzo puede sentir que está sólo suponiendo, y tal vez lo haga. Sin embargo, con el tiempo y la práctica, adquirirá el instinto que necesita para ver claramente. Una regla que he encontrado como cierta es esta: si realmente no ha tenido habilidades psíquicas en lo absoluto, tampoco tendrá interés en aprender a leer el Tarot. El sólo hecho de instruirse acerca de este tema prueba que tiene un don de adivinador que espera ser desarrollado.

Cuarto, si se siente confundido, muy a menudo el consultante puede ayudar a clarificar el significado de cartas individuales, o de la lectura en general. Después de todo, es la vida del consultante la que está bajo discusión, por lo tanto éste puede hacer asociaciones que usted no podría concebir. Si el significado de la carta no es claro, transmita la interpretación al consultante y pregúntele qué significa para él (ella). Esto será de gran ayuda para obtener la información precisa.

Quinto, debe decir exactamente lo que encuentra en la lectura. Sea lo más cuidadoso posible al revelar el significado de las cartas. No está haciendo esto para aterrorizar o perturbar a quien solicita la lectura. Así que si puede enfatizar lo positivo, no dude en hacerlo. Pero recuerde que está ayudando a revelar verdades, y debe comunicar toda la información desagradable.

Puede ser tentador, especialmente si la lectura predice algún tipo de desastre, ignorar las cartas y anunciar cosas positivas. Pero no es bueno para el consultante ocultar la realidad. Si se encuentra inseguro o preocupado por lo que ve en una tirada, puede barajar de nuevo e intentar otra vez. Es posible que se haya cometido un error en el desarrollo de la lectura. Pero si vuelve a aparecer el mismo tipo de predicción, asegúrese de decirle al consultante exactamente lo que ve. El futuro puede ser cambiado por cualquiera que haga el esfuerzo —pero sólo si sabe lo que sucederá—.

Sexto, ¿cuántas veces debería repetir una lectura? Encontrará personas que le pedirán releer las cartas una y otra vez. A veces es debido a que tienen más de una pregunta —pero muy a menudo es porque no les agrada la respuesta inicial—.

Usted puede consultar las cartas siempre que lo necesite. Pero en general, deberían ser leídas dos, o máximo tres veces para el mismo consultante en la misma sesión. Si va a realizar de nuevo una lectura sobre la misma pregunta, debe ser sólo para clarificar algo que no quedó claro la primera vez. De otra manera estará perdiendo su tiempo. Incluso si el consultante tiene más de una pregunta, hay un límite de lecturas para la misma persona en una sesión (el lector puede impacientarse con el consultante, y esto puede afectar sus habilidades intuitivas). Lo mejor es esperar al menos una semana para repetir una lectura. Cuando lea de nuevo en esa fecha posterior, interprete las cartas en términos de eventos recientes. El tiempo que ha pasado hace que la situación cambie o se desarrolle.

Séptimo, si aparece la misma carta en lecturas repetidas, en la misma sesión o días después, ésta adquiere importancia adicional. Aunque lecturas sucesivas no involucren la misma pregunta, tanto usted como el consultante deben poner atención especial a la persona o las circunstancias que describe la carta.

Hay setenta y ocho cartas en la baraja del Tarot, y la mayoría de métodos utilizan sólo unas cuantas de ellas. Incluso si usa el mismo sistema básico cada vez que hace una lectura, hay literalmente millones de posibles combinaciones que pueden aparecer en la lectura. Si varía sus métodos para diferentes tipos de lectura, se aumenta el número de combinaciones. Asumiendo que las cartas han sido bien barajadas, es muy baja la probabilidad que la misma carta se repita.

Por consiguiente, si una determinada carta se repite, la situación o persona que representa va a tener un gran impacto en el curso de los eventos en el futuro inmediato. Una carta que se repite en lecturas sucesivas, y especialmente si se repite más de una vez, adquiere el estatus de carta regente.

Finalmente, los significados adivinatorios que le han dado para las cartas fueron expresados como "al derecho o positivos" y "al revés o negativos". Lo cual se refiere a lo siguiente: Cuando distribuya su tirada, aquellas cartas que miren al lector (esto es, las que tienen el lado derecho arriba desde la perspectiva del lector), entonces están "al derecho", y están "al revés" en la posición opuesta.

Cada una de las cartas en la baraja del Tarot tiene interpretaciones positivas y negativas. En la mayoría de los casos, puede parecer que una interpretación positiva significa que cosas buenas van a suceder, y una negativa indicar que ocurrirán cosas malas. Pero eso no es cierto todo el tiempo. Por ejemplo, la interpretación de la carta de la Torre es un absoluto desastre. Si la carta está al revés —o, si el significado es negado— aún tiene problemas, pero no son tan serios. Entonces, la interpretación positiva de una carta es su significado más fuerte. Una interpretación negativa resulta cuando la influencia de la carta ha sido debilitada, retrasada o invertida.

La razón por la que los significados positivos de cada carta han sido asignados a la posición "al derecho", y las negativas a la posición invertida, es debido a que muchos lectores piensan que la manera en que aparece una carta en la lectura no es un suceso aleatorio, sino la indicación de un cambio en la situación. Para los que interpretan el Tarot de esta manera, parece lógico suponer que si una determinada carta aparece al revés, su significado también debe ser contrario —o al menos alterado hasta cierto grado—.

Sin embargo, también encontrará interpretaciones que no toman en cuenta la posición de las cartas en el la tirada. En este caso se cree que la naturaleza de la situación en cuestión, o la influencia de otras cartas en la lectura, es lo que fortalece o debilita el efecto de cualquier carta individual. Aquí, el lector decide el significado relativo de una carta basado en su asociación con las cartas acompañantes y/o en la interpretación de la lectura en general (la mayoría de lectores que interpretan las cartas de esta manera, las colocan todas al derecho antes de iniciar su análisis). En realidad, usted puede usar las posiciones de una carta, o basar sus conclusiones sólo a través de las asociaciones con las otras cartas. Ambos sistemas tienen sus ventajas. Asumir una asociación al derecho/al revés hace que sea más fácil y rápido decidir qué significados aplicar en el momento de la lectura. Ensaye ambos métodos, y use el que mejor funcione para usted. Siempre que use el mismo sistema cada vez que haga una lectura, la baraja lo seguirá. Las cartas tienen una forma de acomodarse en el orden necesitado.

Ahora que está al tanto de las instrucciones, explicaciones y excepciones, es tiempo de que practique haciendo algunas lecturas reales. Observemos tres métodos diferentes para distribuir las cartas del Tarot.

Tiradas de Tarot

Las tiradas (distribuciones) de las cartas del Tarot varían desde los más simples hasta los extremadamente complejos. La mayoría de sistemas no usan la baraja completa, pero hay algunos que utilizan la mitad o más, así como hay otros que emplean diez cartas o menos. Obviamente, entre más cartas necesite para la tirada, más complicado y demorado será su uso —y aprendizaje—.

Las distribuciones simples son las mejores, incluso para lectores experimentados. Trabajar con pocas cartas hace más fácil la interpretación y el entendimiento del consultante. Menos datos para correlacionar significa también menor probabilidad de errores de interpretación, por eso los métodos más pequeños pueden a veces ser más precisos. Y a la larga, la información que obtiene puede ser tan detallada como la de sistemas más complejos. Por estas razones, los tres métodos descritos en este capítulo usan un número mínimo de cartas.

En cualquier caso, las explicaciones que cada una de las cartas en una tirada intenta mostrarle pueden aún ser confusas si nunca antes ha hecho una lectura. Una lectura real demuestra, mejor que cualquier explicación, cómo se relacionan las cartas entre sí en una situación de la vida real, y cómo entender sus significados en términos de cartas acompañantes y la pregunta formulada. Así que con cada uno de los métodos descritos aquí, tendrá una completa información de cómo funciona, y luego un ejemplo demostrativo.

Las lecturas mostradas en este capítulo fueron seleccionadas de una serie de lecturas reales, y de acuerdo a las necesidades de este libro. Escogí como ejemplo dos lecturas que ilustran claramente cómo el Tarot responde, la manera de elegir cuál interpretación aplicar, y cómo ajustar dichas interpretaciones en el contexto de la lectura. Sin embargo, incluso en un método que use un número limitado de cartas, muy a menudo los resultados pueden ser complejos. Así que de las "mejores ilustraciones", también seleccioné las tres más fáciles de explicar.

Debido a que estas lecturas están destinadas a mostrar cómo interpretar las combinaciones de las cartas, encontrará un poco más de información que la pedida por un lector normalmente. Las explicaciones de las interpretaciones incluyen las percepciones del consultante. Donde sea aplicable, mostraré no sólo lo que decían las cartas, sino también lo que le sucedió finalmente a la persona descrita.

No se dará información de la identidad del consultante de la lectura. Cada uno de los ejemplos de este capítulo son incluidos con el permiso de la persona para quien fue hecha la lectura.

Los siguientes son los tres métodos para distribuir las cartas en una lectura.

Método de las diez cartas

Una de las tiradas de Tarot más usadas es llamado por la mayoría como el "antiguo método céltico". Este sistema usa sólo las cartas suficientes para mostrar un cuadro bastante detallado de las actuales circunstancias del consultante. El método céltico puede ser utilizado para una lectura general, y también es uno de los mejores para obtener respuestas a preguntas puntuales.

Una vez que las cartas han sido barajadas y la baraja ha sido cortada, el significador es colocado cara arriba en el centro de la mesa. Con la baraja cara abajo, tome las primeras diez cartas en orden desde la parte superior y distribúyalas como se muestra más adelante (ver figura 1). La posición de cada carta en esta tirada tiene una referencia clara a un área específica de la vida o las actuales circunstancias del consultante.

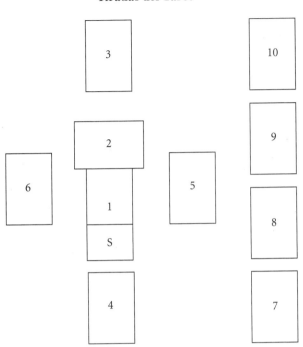

Figura 1: El método de las diez cartas o cruz céltica

Primera carta (*Esta es su situación*) —Tome la carta de encima de la baraja y colóquela cara arriba sobre la parte superior del significador. Esta carta describe la base de la situación o sus influencias presentes; le dice la atmósfera general en la cual el consultante está operando actualmente, incluyendo su estado mental en esta situación, y/o las personas o influencias en el momento.

Segunda carta (*Esto se cruza*) —La segunda carta es localizada horizontalmente atravesando la primera. Si está usando posiciones normales e invertidas en la lectura, el lado que mira al lector debe ser el derecho.

Esta carta fortalece o debilita los efectos de la primera. Muestra obstáculos o circunstancias favorables, eventos y situaciones que ocurren actualmente o sucederán en el futuro inmediato y que tendrá un efecto directo sobre la situación en cuestión. Si es una carta favorable, entonces las influencias buenas en la primera carta serán fortalecidas, y las malas debilitadas. Si es una carta desfavorable, disminuirá o cancelará cualquier influencia positiva de la primera, o aumentará las posibilidades de influencias negativas.

Tercera carta (*Esto está sobre usted*) —Esta carta es localizada arriba del significador y la primera carta. Describe los objetivos del consultante en este asunto, y la posibilidad de alcanzarlos en este tiempo. Explica específicamente el propósito ideal del consultante (lo que espera realizar en esta situación), y/o lo mejor que puede lograr bajo las circunstancias —sin importar si es lo que se quiere—. También representa el futuro inmediato.

Cuarta carta (*Esto está bajo usted*) —Esta es localizada debajo del significador. Describe las causas de la situación en cuestión, uno o más eventos en el pasado inmediato que, debido a su influencia sobre el consultante, son la razón de las actuales circunstancias.

[Nota: al momento de haber leído estas cuatro cartas, sabrá cuál pregunta está respondiendo la lectura. Se le ha dicho de qué trata la situación, que puede ayudar o perjudicar al consultante en estas circunstancias, lo que el consultante quiere, y qué sucedió previamente para que se encuentre en esta situación. El consultante podrá ahora decirle si las cartas están respondiendo la pregunta formulada, o si se dirigen a otro tipo de circunstancias].

Quinta carta (*Esto está tras usted*) —Localícela a la derecha del significador. Esta carta muestra la influencia o el juego de circunstancias que está en proceso de terminarse. La situación que acaba de pasar o está ahora ocurriendo. En efecto, los eventos o las circunstancias en el pasado del consultante, mostrados por las primeras cuatro cartas, le crearon un ambiente general en el cual estaba operando. Este ambiente ahora está cambiando, debido a que el consultante ha tomado medidas para que así sea, o debido a alguna influencia externa que está forzando un cambio.

Sexta carta (*Esto está frente a usted*) —Ubique la carta a la izquierda del significador. Esta describe la influencia o las circunstancias futuras que el consultante puede esperar, el cambio en el ambiente personal que debería ocurrir (si al consultante se le ha aconsejado qué hacer). El pasado descrito por la quinta carta, está abriendo el camino a esta nueva situación como resultado de las acciones que está realizando el consultante, los objetivos que aspira, o las influencias internas o externas descritas por las cartas previas.

Control de tiempo —Las cartas quinta y sexta pueden ser también usadas para determinar cuál es el período de tiempo que cubre la lectura.Esto puede ser muy útil, ya que una de las preguntas acerca de los resultados de una lectura es cuándo va a suceder todo. La clave está en la carta cinco: si puede saber cuándo ocurrieron esas circunstancias, tendrá una gran idea de cuándo sucederán los eventos futuros.

Para usar estas cartas como un "control de tiempo", explique la naturaleza de la situación descrita por la carta cinco, y pregunte al consultante hace cuánto ocurrió o existió. Los eventos o las situaciones que describe la carta seis ocurrirán aproximadamente en ese mismo tiempo en el futuro, al igual que el resultado general de la lectura.

Ya que la quinta carta describe algo del pasado del consultante, no debe ser difícil identificarlo. Sin embargo, tiene que asegurarse que lo describe con suficiente claridad para que el consultante entienda exactamente de qué incidente o circunstancias está hablando. Sólo el consultante puede decirle hace cuánto tiempo ocurrieron estos cambios o eventos; si la información es precisa, así será su predicción del lapso de tiempo que debe ser esperado para que todo se resuelva.

Si no usa estas cartas para examinar lapsos de tiempo, puede aún tener una idea del rango aproximado de tiempo para la lectura. Antes de empezar la lectura, especifique la cantidad de tiempo que desea cubrir —de unos pocos días hasta 12 meses—. Usted no puede forzar el futuro para que se resuelva dentro de un período específico, pero puede pedirle a las cartas que limiten sus predicciones a ese lapso de tiempo.

Hay lecturas en las cuales no necesita un "chequeo de tiempo". Si el consultante está preguntando acerca de un evento específico en el que espera estar involucrado, entonces usted ya sabe cuándo va a suceder, y todo lo que necesita saber es cómo ocurrirá.

Con las primeras seis cartas sobre la mesa, su tirada tiene forma de cruz, con el significador en el centro, debajo de la primera carta. Las últimas cuatro cartas serán colocadas a la derecha de esta cruz, comenzando en la parte inferior derecha, y colocando una arriba de la otra.

Séptima carta (*Este es usted*) —Esta representa al consultante. En general, ubica a esta persona en términos de las circunstancias de la lectura. Muestra la postura del consultante, o la actitud hacia sí mismo y/o respecto a la situación. Como resultado, también revela cómo se comportará o reaccionará probablemente en esta situación.

Octava carta (*Este es su entorno*) —La carta ocho está localizada directamente arriba de la séptima. Representa el ambiente del consultante en esta situación, lo que está alrededor de él en este tiempo. Muestra el efecto del consultante sobre otros individuos, especialmente los cercanos a él, o los que están estrechamente involucrados en la situación, y su influencia sobre los eventos en general.

También revela qué tipo de efecto tendrían estos individuos y eventos sobre el consultante o el resultado de la situación, qué están haciendo dichas personas, cómo están reaccionando, y/o cuáles son sus intenciones en estas circunstancias.

Novena carta (*Este representa sus esperanzas y temores*) —Ubíquela arriba de la octava. Esta carta revela los pensamientos más profundos del consultante respecto a la situación. Muestra lo que siente por las personas, los eventos y las circunstancias que lo rodean en este tiempo, incluyendo lo que piensa sobre él mismo y sus posibilidades de éxito o fracaso.

Hay dos aspectos de esta carta que el consultante debe entender. Primero, la carta describe lo que él (o ella) "siente", no lo que ha sucedido, está sucediendo, o sucederá. Ninguna perspectiva emocional es precisa. La reacción del consultante puede ser razonable dadas las circunstancias, pero podría no estar fundamentada.

Segundo, sea o no precisa la perspectiva emocional del consultante, afectará de todos modos el resultado. Por ejemplo, si esta persona tiene que actuar sobre algo, y siente temor, es posible que fracase, aunque las cartas anuncien una buena probabilidad de éxito. Las otras cartas en la lectura revelarán si las percepciones del consultante son justificadas.

Décima carta (*Este es el resultado*) —La carta final en la lectura es localizada directamente arriba de la novena. Revela lo que va a suceder, el resultado de las influencias mostradas por todas las otras cartas en la lectura.

Como lector, esta es la carta en la que debe enfocar su atención. Las otras explican cómo y por qué el consultante llegó a este punto —y cómo puede ser evitado o estimulado este resultado (si es posible hacerlo)—. La décima carta contiene la respuesta a la pregunta del consultante: el resultado final de todas las influencias descritas por la lectura. Concluye y explica la información que se ha obtenido con las demás cartas en la lectura, incluyendo la escogida como significador. Observe aquí que si la décima carta es una carta real de los Arcanos Menores, entonces representa una persona —y ésta tiene en sus manos el resultado de la situación—.

Si la lectura está obviamente respondiendo su pregunta, pero el significado de la carta diez es confuso, hay una razón válida para repetir la lectura con el fin de clarificar la respuesta. En ese caso, usted usa dicha carta como significador, en lugar de la usada inicialmente. Nota: si repite la lectura, ponga las otras diez cartas en la baraja, luego baraje, corte y repita el proceso de lectura.

Un ejemplo del método céltico

Esta lectura fue hecha a un hombre joven poco mayor de 30 años. Trabajó duro para prepararse en la profesión que escogió y progresar en sus negocios, afectando adversamente su vida social.

El admite que siempre ha sido socialmente incompetente. También es consciente que ha pasado más tiempo desarrollando sus habilidades profesionales que sus relaciones. Pero se está preguntando ahora acerca de las oportunidades ignoradas. Formuló esta pregunta: ¿Alguien se ha enamorado de mí? A pesar de que la pregunta involucra amor y romance, el significador escogido para representar al consultante fue el Caballero de Bastos. La elección fue basada en el tipo de persona que es este hombre joven, un trabajador duro, ambicioso, que comienza a ver algunas perspectivas de éxito. Después de todo, la base de esta situación es su dedicación a la carrera, y la resultante negación a la vida social.

Las siguientes son las cartas que aparecieron. [Nota: las cartas figuran al derecho, a menos que se especifique otra cosa].

Primera carta (*Esta es su situación*) —Paje de Copas al revés, una carta del palo del amor, que describe seducción y engaño.

Con una carta real, lo primero que debe establecer es si representa a una persona, y si es así, a quién. Ha habido mujeres jóvenes en la vida de este hombre. Sin embargo, nadie concuerda con esta descripción: una amiga o amante que lo engañó deliberadamente.

Pero, la posición de esta carta describe la base de la situación, incluyendo la actitud del consultante, quien no se ha esforzado seriamente en desarrollar relaciones. Entonces, esta carta representa al consultante —y responde su pregunta—. Si trata de convencerse a sí mismo que alguna mujer de su pasado está desesperadamente enamorada de él, sólo se está engañando, y entonces la lectura continúa desde este punto.

¿Qué hacer cuándo la primera carta responde la pregunta? Una buena posibilidad es que la pregunta formulada no representaba lo que el consultante quería realmente saber. Este resultó ser el caso. El hombre joven siente la falta de alguien para compartir su vida, pero tiene problemas para encontrar nuevas personas, y realmente no ha tenido la voluntad de buscarlas. En realidad estaba esperando que la mujer de sus sueños lo buscara. Las cartas dicen que no va a ser tan fácil, y a partir de este punto le dicen lo que debe hacer.

Segunda carta (*Esto se cruza*) —Ocho de Espadas al revés, una carta de enfermedad y daño. Esta explica por qué en su pasado no ha tenido relaciones serias. Traduciendo "enfermedad" en algo que lo debilita, la carta se refiere parcialmente a su propia incompetencia social, y parte a su falta de voluntad para establecer relaciones duraderas. El "daño" es el que se hace a sí mismo, y está pagando con soledad.

Tercera carta (*Esto está sobre usted*) —Siete de Pentáculos al revés. Esta carta provee un buen ejemplo de cómo los palos pueden cambiar su perspectiva. Las cartas del palo de Pentáculos generalmente se refieren a asuntos de dinero. El siete al revés indica un gasto imprudente o incierto. Pero debido a que la pregunta involucra amor, el gasto aquí es emocional. Su verdadero problema es que necesita encontrar a alguien para amar, y está desperdiciando tiempo y energía esperando que esto suceda sin esforzarse. Y evidentemente, ya que esto es lo mejor que puede esperar bajo las circunstancias, el "gasto" continuará, a menos que él cambie su comportamiento.

Cuarta carta (*Esto está bajo usted*) —El Caballero de Espadas, un enemigo malévolo y traicionero. De nuevo, ya que ninguna persona, hombre o mujer, se ha propuesto herirlo deliberadamente en el área de las relaciones personales, la pregunta es: ¿Quién es el verdadero enemigo aquí? Recuerde que la falta de compromisos en el pasado ha sido causada principalmente por la poca voluntad del consultante. Entonces, en esta situación, el Caballero de Espadas sugiere que su peor enemigo es él mismo.

Quinta carta (*Esto está tras usted*) —El Cuatro de Espadas al revés, codicia. En su pasado estuvo esperando algo a lo que no tenía derecho. Esperaba amor para él sin haberse esforzado por obtenerlo: ¡codicia! Sin embargo, sabemos que de acuerdo a la posición de la carta esto está cambiando. ¿A qué está cambiando?

Chequeo de tiempo —Ya que estamos hablando acerca de un estado emocional en lugar de un evento específico, es difícil establecer un marco de tiempo exacto. Lo mejor que se puede hacer en este caso es regresar al origen de la situación en que se basa la pregunta. Según el mejor recuerdo del consultante, fue aproximadamente hace seis meses antes de la fecha de la lectura, que empezó a darse cuenta que el éxito en los negocios no era todo lo que deseaba en la vida. Y también para esa fecha empezó a necesitar a alguien con quien compartir su vida. Si hemos identificado las circunstancias correctas, los cambios mostrados en la siguiente carta deben ser establecidos dentro de los siguientes seis meses, y el resultado final predicho por la lectura debería estar a su alcance también en ese tiempo.

Sexta carta (*Esto está frente a usted*) —El Rey de Bastos al revés describe a un hombre austero pero tolerante. Observe que esta carta es del mismo palo del significador, y que aparece en una posición de resultado futuro. Las cartas reales del mismo palo del significador aparecen frecuentemente en las lecturas. En general, dicha carta se refiere al consultante. Pero lo muestra en una posición o circunstancias diferentes. En este caso, ya que describe su nuevo ambiente personal, también indica el comienzo de un cambio en su actitud.

Entonces ¿qué nos dice esta carta? El significador fue el Caballero de Bastos, tenemos un hombre joven que se dirige al éxito profesional. La carta del Rey de Bastos en esta posición (sexta carta) describiendo algo que sucederá, sugiere que él alcanzará su objetivo, pero también indica un cambio definitivo en su actitud general. Va a cambiar su comportamiento autodestructivo por una actitud más madura y tolerante; de hecho, va a crecer emocionalmente. Esto debe tener un efecto positivo en sus futuras relaciones.

Séptima carta (*Este es usted*) —Siete de Copas, ideas frescas pero indefinidas en la mente del consultante, lo cual indica un cambio de actitud, pero no planes concretos en este tiempo. El sabe que ha estado actuando equivocadamente y tiene que cambiar, pero no está muy seguro de lo que debe hacer. Específicamente, se está empezando a dar cuenta que desea amar, y debe esforzarse en esta tarea como lo hace en sus negocios. Ahora todo lo que tiene que hacer es saber cómo realizarlo.

Pero es un comienzo, y es también la razón por la que es posible que ocurra el cambio de la actitud mostrada en la quinta carta por la que se indica en la sexta.

Octava carta (*Este es su entorno*) —El Carro. El significado adivinatorio que mejor se aplica aquí es el dominio de las fuerzas opuestas. Y ya que este es un arcano mayor, la victoria debe ser sobre sí mismo y sobre las circunstancias. Debe reconciliar sus intereses profesionales y sus necesidades sociales, para que pueda darle a una mujer al menos el mismo tiempo y esfuerzo que le dedica a sus asuntos de negocios.

Para que tenga éxito en esta situación, debe vencer su propia timidez, con el fin de que pueda desenvolverse en el marco social. Ya que esta carta aparece en el ambiente presente, evidentemente el consultante está empezando a dar pasos en esta dirección —y finalmente tendrá éxito—.

Novena carta (*Sus esperanzas y temores*) —As de Bastos al revés, una carta de decadencia y ruina. De nuevo, de acuerdo a la elección del significador, esta es una carta del propio palo del consultante, y expresa sus sentimientos acerca de este nuevo comienzo. El cree que va a fracasar.

Sin embargo, con base en las otras cartas del arreglo, debe tener éxito, estos sentimientos son producto de su propia inseguridad.

La persona tratada aquí no es un trabajador obsesivo y egoísta, sino alguien básicamente tímido. Si ha empleado todos sus esfuerzos en su profesión, es porque sabe que es algo que puede hacer. No está seguro de encontrar a alguien para amar aunque se esfuerce lo suficiente.

Décima carta (*Este es el resultado*) —Justicia, una victoria del bien. El resultado está en las manos del consultante. Obtendrá lo que merece y, debido a que otras cartas en la lectura muestran que tiene voluntad de hacer el esfuerzo y la victoria está a su alcance, hay buenas posibilidades de que lo que merece sea lo que desea: encontrará a alguien a quien amar.

Ahora miremos la lectura en general. ¿Qué tipo de cartas aparecieron aquí? Dos arcanos mayores (autocambio y desarrollo) y tres cartas reales, sin contar el significador, que en esta lectura también describe al consultante: Espadas (autodestrucción) en su pasado, amor en su corazón, y Justicia en su futuro.

El palo que más aparece es el de Espadas, aunque todas estas influencias destructivas son de su pasado. Pero observe que la carta de la Justicia también lleva una espada, en este caso obviando la influencia negativa en el futuro. El consultante no seguirá más su tendencia autodestructiva. Ahora está luchando a su favor.

No hay realmente un palo regente en esta lectura, pero hay un tema general. Las cartas reales describen al consultante, y los Arcanos Mayores nos dicen que la clave de esta situación es el propio desarrollo personal de este joven hombre. Entonces, la respuesta a la pregunta es: no, nunca antes ha sido amado, ni nunca ha estado realmente enamorado. De hecho, estaba esperando algo que no merecía (carta de la codicia). Pero todo esto pertenece al pasado, pues ahora está cambiando su actitud.

El Rey de Bastos es una señal muy positiva en esta lectura. La madurez y la experiencia dan como resultado habilidades y actitudes que no tiene la juventud. El es aún tímido e inseguro (novena carta), pero no tanto como cuando era más joven. Y a medida que madura, podrá mejorar también su habilidad para iniciar y compartir relaciones personales.

Así que la respuesta a la pregunta no expresada es "sí". El podrá encontrar el amor que está buscando, y en un futuro previsible.

Sé que usted desea saber qué sucedió después. La lectura fue hecha aproximadamente tres meses antes de ser escrita en este libro. Esto nos pone a medio camino en el marco de tiempo sugerido por la quinta carta. Si tanto la lectura como el chequeo de tiempo son precisos, el consultante debería estar progresando en el camino a su objetivo. ¿Dónde está ahora?

Bien, él no se ha convertido en una mariposa social en corto tiempo, pero ha hecho el esfuerzo por involucrarse en actividades puramente sociales. Como resultado, ha conocido varias mujeres jóvenes que encuentra compatibles, y una en particular que le interesa. Aún no hay campanas de boda. Por otro lado, está tan feliz en su situación actual que no siente la necesidad de otra lectura sobre esta misma pregunta. Esa es la mejor señal de todas.

Como puede ver, incluso una lectura que usa sólo diez cartas, puede decirle mucho acerca de las circunstancias y expectativas de una persona. Ahora observemos lo que podemos obtener con un método de menos cartas.

Método de las cinco cartas

Este es un método más simple que funciona muy bien para consultas menores. Usa sólo las veintidós cartas de los Arcanos Mayores. Los Arcanos Menores son removidos de la baraja antes de barajar.

Generalmente no es necesario usar un significador, ya que la lectura se refiere directamente al consultante. Lo necesitaría solamente si la pregunta formulada tiene que ver con otra persona. En tal caso, es la única carta que se toma de los Arcanos Menores.

La preparación de la baraja es también más simple. Habiendo removido las cartas de los Arcanos Menores, el lector debe proceder a barajar. La baraja no debe ser cortada, ni el consultante tiene que manejar las cartas. Este entra en la selección de las cartas usadas para la tirada.

Si usa un significador, colóquelo en el centro de la mesa arriba del área donde distribuye sus cartas. Ninguna de estas deberá cubrirlo. Distribuya las cinco cartas del arreglo horizontalmente de derecha a izquierda. La del extremo derecho es la carta uno (ver figura 2).

Cuando las cartas son barajadas, se le pide al consultante que diga un número del uno al veintidós. Por ejemplo, elige el diez, el lector cuenta regresivamente a través de las cartas y saca la décima. Esta es colocada sobre la mesa como la carta uno.

Luego las cartas son barajadas otra vez, y se le pide otro número al consultante (obviamente debe ser el veintiuno o un número menor). La segunda carta es escogida mediante el mismo proceso realizado para la primera. Continúe haciendo esto, barajando y preguntando por un número diferente cada vez.

En este método cada una de las cinco cartas tiene su propio nombre, y su efecto sobre la interpretación de la lectura. Son leídas como sigue:

Carta uno (Afirmación) —Esto es lo que va a suceder. Nota: esta no es una respuesta a la pregunta, como ocurría en nuestra primera lectura. Las cartas simplemente le dicen que sin importar lo que haga, o lo que espere, eso es lo que sucederá.

Carta dos (Negación) —Esto es lo que puede evitar que suceda.

Carta tres (Discusión o explicación) —Esta es la razón por la que está en esta situación.

Carta cuatro (Solución) —Esto es lo que puede hacer para reforzar la situación o cambiarla.

Carta cinco (Determinación o síntesis) —Dependiendo de los pasos que siga, esto es lo que sucederá —o lo que usted puede hacer que suceda.

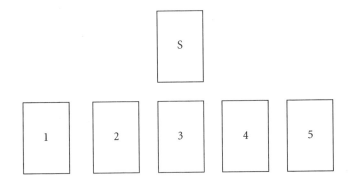

Figura 2: Método de las cinco cartas

Este método no tiene una carta de resultado o respuesta como en el caso céltico. Las cinco cartas como unidad proveen una respuesta a su pregunta.

Un ejemplo del método de las cinco cartas

Esta es una lectura que muestra el uso de este método. En este caso, el consultante no formuló una pregunta, simplemente escogió cinco números diferentes, en ningún orden en particular. El resultado (y la interpretación) de la lectura fue el siguiente:

Carta uno (Afirmación) —La Torre: todos sus planes y sueños están por destruirse totalmente.

Carta dos (Negación) —El Loco: puede evitar este desastre si deja de actuar como un tirano.

Carta tres (Discusión) —El Diablo: ¿qué es lo imprudente que está haciendo? Está dejando las esperanzas de su destino en el poder o la fuerza que no se interesa en lo absoluto por usted.

Carta cuatro (Solución) —El Sacerdote: ¿qué debería hacer? Dejar de esperar que esta otra fuerza solucione sus problemas, y manejar el destino con sus propias manos.

Carta cinco (Determinación) —El Mundo: el resultado, si actúa convenientemente, será total realización y éxito.

Bien, ese es un consejo suficientemente bueno en una variedad de situaciones. La pregunta es, ¿qué significa en términos de este consultante?

Antes que esta lectura pueda tener sentido para usted, debe saber qué sucedió. El amigo a quien le hice la lectura no formuló una pregunta definida. Sin embargo, tampoco pensó los cinco números aleatorios, así que usó los números que juega cada semana en la lotería para seleccionar las cartas de la lectura. Tres de los números que usualmente juega eran superiores a veintidós, así que sumó los dos dígitos. También juega normalmente una serie de seis números, pero dos de ellos sumaban el mismo dígito, y eso le daba cinco números.

Esta lectura en particular ilustra hechos interesantes acerca del funcionamiento del Tarot. Primero, como vimos en la lectura céltica, sin importar qué pregunta haga en voz alta, las cartas responderán lo que realmente está pensando. En este caso, no se profirió ninguna pregunta, pero debido a que el consultante usó los números que apuesta en la lotería, es obvio que en su mente estaba la pregunta de que si iba o no a ganar.

Segundo, si hace una pregunta tonta, obtendrá una respuesta similar Las cartas del Tarot —al menos las de mi baraja— realmente toman a mal cuando se hacen preguntas acerca de la posibilidad de ganar en juegos de azar.

Lo siguiente es lo que significa realmente la lectura en términos de este consultante y su pregunta inconsciente: si gasta su dinero en la lotería, va a perderlo continuamente. En lugar de enfocar sus esperanzas de riqueza en la lotería, deje de desearlo y comience a trabajar por él.

Debido a que esta tirada utiliza sólo los Arcanos Mayores, el resultado es corto y brutalmente honesto. El siguiente método emplea siete cartas, pero es realmente el más simple de todos.

Método de las siete cartas

Como ha visto, muy a menudo el Tarot provee una explicación en lugar de una respuesta directa. Las cartas le dicen lo que va a suceder, por qué, y qué se puede hacer para evitarlo, además de muchos otros comentarios acerca de la situación y los atributos personales del consultante.

No todas las preguntas requieren este tipo de detalles. A veces sólo se necesita una respuesta rápida y simple. Este último método puede ser interpretado detalladamente si así lo desea, o ser usado para obtener respuestas de sí o no. [Nota: este método no puede ser usado para una lectura general. Debe formular una pregunta específica, que tiene que expresarse de tal forma que pueda ser respondida con un sí o un no.]

Después de barajar y cortar, distribuya las primeras siete cartas de izquierda a derecha (ver figura 3). Si va a interpretar las cartas individualmente, las primeras tres representan el pasado, o los eventos que guiaron a esta situación. Las últimas tres revelan el futuro, o cómo finalizará la situación. La que queda en el centro es llamada la "carta focal". Esta le dará la mayor información acerca de la situación. La carta focal debe ser localizada sobre el significador.

[Nota: si va a interpretar las cartas individualmente, la carta focal puede servir también como el significador. Esto es, la carta central se interpreta como la razón para la respuesta de la tirada a su pregunta.]

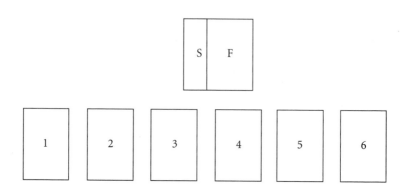

Figura 3: Método de las siete cartas

El consultante hace inicialmente su pregunta, y las cartas son barajadas y cortadas para la lectura. Las cartas son colocadas de izquierda a derecha (la carta focal será la cuarta localizada en el arreglo). Las cartas que aparezcan al derecho significan "sí", y al revés indican "no". Las tres primeras y las tres últimas valen un punto cada una, la carta focal vale dos. Una simple operación aritmética hace el resto. Sume los puntos "sí" y "no" y obtendrá la respuesta. Este método también provee una forma rápida y fácil para determinar si las cartas responden o no una pregunta específica del consultante.

Un ejemplo del método de las siete cartas

Esta pregunta fue hecha por una madre acerca de su hija, una mujer poco mayor de veinte años que fue programada para una cirugía en menos de dos semanas. La madre deseaba saber si todo iba a salir bien.

De las siete cartas en la tirada, cuatro de ellas, incluyendo la carta focal, resultaron al revés y tres al derecho. Lo cual daba cinco puntos negativos y tres positivos —un no definitivo—.

Con una respuesta como esa, y especialmente considerando la gravedad de la situación, naturalmente quisimos saber lo que iba a pasar. El tipo de cirugía no era un procedimiento peligroso, y la paciente básicamente tenía buena salud, a excepción del problema por el que necesitaba ser operada. ¿Por qué una advertencia tan calamitosa? Lo siguiente es lo que el Tarot respondió acerca del asunto.

El significador escogido fue el Paje de Bastos, ya que la despreocupación y la frescura describen el carácter de esta joven mujer. Estas fueron las cartas tratadas:

Carta uno (Influencias pasadas) —Seis de Espadas al derecho, un viaje con destino incierto. Obviamente se refiere a la cirugía, ya que la consultante no sabía cómo se desarrollaría. Pero podría tener otro significado en este contexto.

Carta dos —La Torre al revés, calamidades de menor importancia. Esto podría referirse a la operación misma. La cirugía no era considerada seria, y —excepto por el hecho de que cualquier trabajo quirúrgico implica riesgo— no había peligro para la vida de la paciente. ¿Es posible que el significado de esta carta sea que la enfermedad no era tan grave para requerir cirugía?

Carta tres —Justicia al revés, abuso de justicia. La posibilidad parece confirmarse con esta carta. La familia involucrada en este caso es inmigrante. Les ha ido bien en este país, y pueden acceder a tratamiento médico, pero no conocen completamente el funcionamiento del sistema. Un doctor pudo haberlos introducido en algo que no necesitaban.

Carta cuatro (Carta focal) —Dos de Bastos al revés, una sorpresa de cualquier tipo. Algún factor inesperado que entra a la situación. Observe aquí también que esta carta es del mismo palo del significador, y la sorpresa puede ser placentera o desagradable (o las dos cosas, como ocurrió en este caso). Pero obviamente, algo nuevo va a afectar esta situación —y, ya que es del palo de la joven paciente, tiene que ver específicamente con ella—.

Carta cinco (Resultados futuros) —Muerte al derecho, merte, fracaso. En lo que se refiere al Tarot, si esta mujer se hace operar, va a correr un riesgo mortal. La cirugía puede causar más problemas que soluciones.

Carta seis —Diez de Bastos al derecho, un juego de grandes apuestas. El significado aquí es claro. Esta mujer está apostando su vida, y la pregunta ahora es si debería o no hacerse operar.

Carta siete —Cuatro de Copas al revés, nuevas relaciones; un evento imprevisto. Una confirmación de la carta focal: algo va a cambiar. Sin embargo, en este caso, habrá un cambio causado por nuevas personas potencialmente amigables (de acuerdo al palo), que conocerán la consultante y su hija.

Esta lectura ilustra cómo el Tarot puede cambiar su futuro. Lo primero que pregunté después de obtener estos resultados fue cuántos doctores habían consultado antes de programar la cirugía. Dijeron que solamente uno. Sin embargo, dentro de las tres semanas siguientes vieron tres más —y ninguno recomendó operación alguna para el problema de la hija de la consultante—. La enfermedad era real, pero todas las "segundas opiniones" prescribieron un tratamiento con medicamentos que, llevado apropiadamente, eliminó el trastorno en algo más de tres semanas, y nunca hubo necesidad de cirugía.

Esta ha sido una de las lecturas más satisfactorias que he hecho. Resultados como este estimulan el aprendizaje del Tarot como herramienta de adivinación.

Conclusión

¿Dónde lo deja todo esto? Usted comienza con una baraja peculiar de setenta y ocho cartas, y un libro que le ofrece páginas de interpretaciones para cada una de ellas. Sabe que dicha baraja contiene las respuestas a sus preguntas importantes. ¿Cómo hacer para obtener tales respuestas?

Para hacer una lectura precisa, debe saber los significados de las cartas, pero memorizar toda la información es una tarea imposible. La lista de palabras y frases dadas como interpretaciones adivinatorias no tienen sentido por sí mismas. Debe usarlas en una lectura para entender cómo se aplican en situaciones de la vida real.

También mencioné que no todas las definiciones dadas para una carta se aplican al mismo tiempo. No sólo debe aprenderse todas las definiciones, también debe saber escoger aquella que tenga sentido en el contexto de la lectura.

Determinar la interpretación exacta de una carta en una lectura es un asunto de experiencia. Con el tiempo sabrá cuáles de las definiciones listadas se aplican a las situaciones reales, y también aprenderá a determinar cuál es la interpretación más lógica en una lectura específica.

Encontrará que la mayoría de personas se fascinan con la idea de que le sean leídas las cartas. Muchos también no son pacientes frente a un lector neófito. Si no trata de establecerse como un adivino experto desde el comienzo, puede hacer uso de información suministrada de sus primeros consultantes para entender las cartas.

Así, cuando empiece a realizar lecturas, simplemente diga que es principiante. Lo esperarán mientras mira los significados de las cartas, y le dirán cómo se aplican esas interpretaciones a sus preguntas. Trabaje con el consultante, aprenda de las vidas y experiencias de otras personas, y yo le garantizo que antes que lo sepa, estará haciendo las asociaciones correctas por sí mismo.

Hay otros dos puntos importantes que le ayudarán a comprender lo que ve en una tirada de cartas. Primero, es un hecho que a veces, como pudo ver en la tercera lectura de ejemplo, la información que descubre puede ser un asunto de vida o muerte. Pero a menudo, como en la segunda lectura, no involucra una experiencia que cambie la vida. No busque explicaciones extraordinarias de lo que ve en las cartas. Después de todo está leyéndoselas a gente normal. Sus problemas y preguntas son importantes, nunca lo dude. Pero las respuestas que necesitan, que serán obtenidas de las cartas, no han de ser grandes revelaciones místicas. Espere lo normal, no lo inusual.

Segundo, muy a menudo, y especialmente cuando esté trabajando con métodos que se enfoquen en los Arcanos Mayores, interpretar las cartas del Tarot puede ser como interpretar sus sueños. No obtendrá los mensajes dichos con un español claro. Encontrará imágenes, simbolismos e indicaciones, que luego tendrá que relacionar con las personas involucradas y la pregunta formulada. Es decir, debe entender qué significa el mensaje y cómo se aplica a la situación real.

Pero, de nuevo, entre más practique lecturas, más claros serán estos mensajes. Finalmente llegará al punto donde sabrá cuál es la respuesta con sólo mirar un arreglo completo. Las cartas se interpretan individualmente sólo para obtener detalles.

La parte dura es comenzar. No es fácil aprender a leer cartas de Tarot, pero con esfuerzo se logra. No se desanime si le toma mucho tiempo desarrollar las habilidades que necesita, después de todo el Tarot es un sistema complejo y difícil.

Ya sea que use las cartas sólo para meditación, para obtener respuestas a sus preguntas, o para leérselas a otras personas, el tiempo y el trabajo empleado será muy valioso. Disfrute el viaje, encontrará que el Tarot puede ser su mejor y más fiel guía.

Su futuro en
las cartas

A pesar de la información que ha recibido en este texto, esta no es una conclusión para su estudio del Tarot. Es solamente un comienzo.

Un defecto que tienen en común todas las explicaciones es que cada sistema es necesariamente autónomo. Puede haber un número infinito de interpretaciones de las cartas, pero, después de todo, hay sólo un número finito de cartas para interpretar. Y una vez que cada texto ha detallado su propio sistema para entender y usar el Tarot, no hay lugar para que se extienda más.

Pero no hay límites para qué tan lejos usted pueda llegar, ya que el mismo Tarot puede llevarlo a donde escoja.

Mi mejor consejo para crecer con el Tarot es el siguiente. Una vez que haya aprendido los conceptos básicos, investigue todos los sistemas que pueda. Lea otros libros sobre la materia; examine diversas barajas. Podrá decidir lo que mejor funciona para usted, cuando haya visto diversas interpretaciones y varios diseños de baraja.

Hay muchas opciones disponibles para explorar. Los libros sobre Tarot varían entre versiones incompletas que encuentra en compendios de ocultismo, hasta volúmenes bastante detallados (y a veces incomprensiblemente místicos), que explican todos los aspectos posibles y el uso de las cartas. Se pueden encontrar diseños de barajas

desde las más simples representaciones (algunas dibujadas profesio-
nalmente, otras encantadoramente primitivas), hasta trabajos de arte
extremadamente complejos, cubiertos con símbolos mágicos que
aumentan u opacan el significado básico de la alegoría en cada carta.

Entre todos los sistemas que examine, habrá algunos que sentirá
más que gratificantes por su esfuerzo, y otros que considera una
completa pérdida de tiempo. Pero cada baraja, sin importar cómo
esté ilustrada, y cada texto, esté o no bien escrito, tiene algo que ofre-
cerle a un serio erudito. Cuando empiece a sentir que alguien tiene la
razón o está equivocado, es cuando sabrá que finalmente está comenzando a entender el Tarot, y a percibir sus propias interpretaciones de
las cartas.

No se impaciente con esos escritores cuya perspectiva de conjunto
sobre el Tarot es muy diferente a la suya. En realidad los necesita, pues
sus necesidades y objetivos personales son tan diferentes a lo que
usted busca, que le abren una ventana que nunca encontraría por sí
mismo. Uselos para descubrir la gran cantidad de visiones acerca del
Tarot. Este antiguo libro de sabiduría puede ser hecho para adecuar
cualquier versión de la realidad, y entre más versiones vea, es más probable que encuentre su propia verdad algún día.

Hay algunos escritores sobre Tarot que son dogmáticos, desde
aquellos que afirman tener la única interpretación válida de las cartas,
hasta los que "corrigen" el significado de ellas para ajustar una sola
visión. En cada generación han habido intérpretes con influencias
políticas, y han usado el Tarot para apoyar o refutar las filosofías de
sus países.

Aunque tales escritores siempre han estado con nosotros, en realidad son la minoría. Casi todas las explicaciones que encontrará son
simplemente escritas por intérpretes que han encontrado en el Tarot
una voz para sus visiones, y tratan de compartirlas con usted. Hallará
toda clase de interpretaciones: brillantes, confusas, fascinantes, e
incluso ridículas. Algunas pueden perturbarlo e incluso enojarlo, pero
si no acepta una visión dada del Tarot, ésta es de todos modos válida.
Es bueno que emplee su tiempo para ver los muchos caminos a los
que el Tarot puede llevarlo.

Hay algo cierto: sin importar qué tan diferente sea una interpretación respecto a otra, no se puede decir cuál es la correcta. Todas las

explicaciones son válidas, y todas pueden ser incorrectas, dependiendo del enfoque de cada persona.

La razón por la que todos reaccionamos en forma diferente ante el Tarot es simple: cada persona es diferente. La personalidad individual y el conjunto de experiencias de la vida, además de las necesidades espirituales, le dan a cada individuo una perspectiva única para responder a lo que ve. Especialmente en los Arcanos Mayores, cada ilustración tiene tal riqueza y variedad de simbolismos que muy pocas personas pueden captar todo inmediatamente. Nos enfocamos sólo en algunos aspectos. Esto significa que es posible ignorar algo importante, o sobreenfatizar una interpretación menos significativa.

Cualquiera que sea la perspectiva del autor, un texto sobre Tarot puede sólo señalar lo que usted puede ignorar sin instrucción. Lo que puede pasar por alto debido a no estar ligado a sus experiencias y necesidades personales. Un escritor únicamente da su entendimiento personal de los significados de las cartas. Pero no hay una guía completa para el Tarot, debido a que no hay una definición absoluta de las cartas.

La determinación final del verdadero significado de las cartas depende de su enfoque.

El Tarot es una llave —y donde hay una llave, hay una puerta—. Y en alguna parte al otro lado de esta particular puerta encontrará las respuestas a todas sus preguntas, simples o complejas, seculares y religiosas, espirituales y mundanas. Deje que los que han iniciado antes que usted, le muestren cuáles puertas se han abierto para ellos. Observe toda la información que pueda, y explore diversos puntos de vista. Aprenda a captar lo que necesita para mejorar su entendimiento del Tarot.

Luego siga su propio camino desde ahí. Deje que el Tarot le ayude a crear su propia visión de lo que es verdadero. Y si esa perspectiva cambia continuamente cada vez que coge las cartas, es debido a que también está cambiando mientras crece y aprende.

Algún día, si tiene suerte, verá el camino que necesita para reconstruirse a sí mismo y crear un nuevo entendimiento del universo. Cuando esto suceda, será finalmente un maestro del Tarot.

Adivinación con el Tarot

Este libro está dividido en dos secciones. Ddividamos la conclusión de la misma forma.

Debe ser claro hasta este punto que enfatizo el uso del Tarot para meditación y autodesarrollo espiritual. Pero si lo que desea es un simple método de adivinación, es también una buena opción. He usado mi baraja como herramienta de adivinación durante años, sería tonto ignorar dicha forma de emplear las cartas.

Asumiendo que usará la baraja para adivinar, hay un mensaje importante que quiero dejarle. Lo mencioné anteriormente, pero quiero recalcarlo ahora. Si no recuerda esto —y si no se asegura de que las personas a quienes les lee son conscientes de lo mismo— podrían dudar de sus habilidades, y aún peor, podría dudar de sí mismo.

No hay un destino absoluto: sólo hay causa y efecto. A veces el proceso es claro: si suma dos y dos obtendrá cuatro; si mezcla amarillo y azul, resultará el verde.

La mayoría de situaciones de la vida son tan complejas que es difícil, sino imposible, determinar qué efecto causarán sus acciones. Y esas son las situaciones para las que necesita un medio de profecía, una forma de ver claramente lo que sucederá.

Lo que se debe recordar es que si cambia la causa, cambia el efecto. Si le digo que mezclar azul con amarillo produce verde, y no puede resistir este color por alguna razón, puede combinar azul con rojo para obtener morado. Ha cambiado el efecto, pero no ha cambiado la precisión de mi profecía. Pues si hubiera mezclado azul con amarillo, habría obtenido verde. Usted decidió no producir el verde. Hizo algo para reemplazar un resultado por otro. Si usa sus cartas para adivinación, verá este efecto una y otra vez. Predecirá —con precisión— lo que hay en el futuro inmediato de alguien. Entonces, debido a que dicho individuo fue advertido, podrá hacer lo necesario para cambiar su futuro. Si efectivamente cambia su destino, no significa que su predicción estaba equivocada. En realidad cumplió la función de un verdadero profeta.

Una historia conocida que ilustra lo anterior es la del profeta Jonás. De acuerdo a las enseñanzas judías, Jonás recibió órdenes de Dios para que fuera a Nínive y advirtiera a las personas que la ciudad podría ser destruida debido a sus pecados. Jonás no quería ir, pues sabía lo que iba a suceder, ya lo había experimentado y no deseaba que ocurriera de nuevo.

¿Qué sucedió? Después de recibir una palmada en la muñeca por parte de Dios, Jonás fue de mala gana a Nínive, caminó por la ciudad, y le anunció a toda la población que lo que poseían sería destruido por Dios como castigo a sus pecados.

Tanto el rey como los habitantes de Nínive habían tenido una experiencia con tales profecías en el pasado, por ello creyeron todo lo predicho. De este modo, se pusieron hábitos de penitencia y declararon un período de ayuno durante el cual se arrepintieron de sus pecados.

Y Dios, viendo que era un arrepentimiento verdadero, retiró el juicio previo hecho contra Nínive, y decidió no destruir la ciudad.

En realidad Jonás no quería ver a las personas destruidas. La historia muestra claramente que no le importaba lo que les sucediera de una manera u otra. Pero, después de todo, fue un auténtico profeta, un hombre que realmente habló con Dios. Y cuando estas profecías auténticas no fueron corroboradas por lo que esperaba que sucediera, sintió que era visto como un fraude, o peor aun, como un tonto.

Jonás ignoró algo importante. No lo pase por alto usted. La idea es que incluso las decisiones divinas no son inmutables. Si da los pasos necesarios para cambiar sus acciones, hasta Dios cambiará su decreto.

El futuro no está predeterminado. Usted puede controlar qué dirección tomará su vida —si tiene información precisa sobre la cual basar su decisión—.

Con el Tarot, tiene el poder de conseguir la información que necesita, para sí mismo o para otras personas. La razón de una profecía no es mostrar qué tan preciso es el visionario, sino darle a la persona involucrada en la predicción una oportunidad para ver el efecto que está causando. Si cambia la causa el efecto será diferente.

Por eso debe tener en cuenta que el hecho de decirle a alguien su posible futuro puede efectivamente alterarlo. Como lector de Tarot, no se preocupe, como lo hizo Jonás, por verse como un tonto por haber sido cambiada la profecía. Y más importante aun, no debe empezar a dudar de su habilidad para predecir, por el hecho que una persona cambió su destino gracias a la información que usted le dio. Sólo recuerde que fue su información (¡precisa!) la que permitió que alguien evitara una mala situación.

Por consiguiente, estas son las reglas para practicar la adivinación: primero, exprese lo que ve. Nunca trate de alterar sus explicaciones acerca de lo encontrado en las cartas. Si lo que observa es desastroso, no cambie la información sólo por hacer sentir bien al consultante. Explique claramente todo, las personas necesitan saber su futuro, sea o no importante, bueno o malo. Necesitan la realidad para poder tomar una decisión viable.

Segundo, si como resultado de su lectura, el efecto predicho no sucedió, no empiece a dudar de sus habilidades —y no se sienta mal cuando alguien regrese y le diga que pudo realizar un cambio—. Si su predicción le permite a alguien que evite una desgracia, o simplemente que haga las cosas un poco mejor de lo que podrían haber sido, lógicamente no hay razón para que sienta que falló.

Dígale a quien le hace la lectura que puede usar la información para cambiar su futuro si así lo desea. Si el consultante efectivamente altera su destino, significa que su ayuda ha sido superior a la ofrecida cuando las cosas han ocurrido exactamente cómo fueron predichas.

Confíe en sí mismo, y muéstrese confiable ante las personas que solicitan la lectura. Tiene en sus manos una herramienta que puede usar para cambiar su propia vida, o permitir que otros también hagan cambios en sus destinos.

Una nota final

El Tarot ofrece una riqueza de experiencia y conocimiento a quien lo usa con mente abierta, no sólo en la variedad de caminos que abre al buscador, también en la ironía, e incluso humor, de algunas cartas. Los creadores del Tarot fueron sabios, vieron la excentricidad de la condición humana y su potencial.

El Tarot es incuestionablemente una herramienta seria e importante para la meditación y la adivinación, pero no ignore el hecho que, al igual que la condición humana que representa, puede también ser divertida.

Aprenda de sus cartas, y crezca con ellas, pero no olvide disfrutarlas. Y puede que encuentre lo que está buscando.

LLEWELLYN ESPAÑOL

  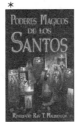  

lecturas para la mente y el espíritu...

* Disponibles en Inglés

LLEWELLYN ESPAÑOL

P. Scott Hollander
TAROT
FOR BEGINNERS
Covers the full range of the Tarot's
uses, from fortunetelling
to meditation tool.
5 ¼"x 8" • 384
1-56718-363-7

¡Nueva publicación!

El TAROT de ROBIN WOOD

1 el Mago 1

**EL TAROT
DE ROBIN WOOD**

Aquí se combinan los diseños tradicionales de las cartas del Tarot con imágenes y símbolos contemporáneos. Incluye un manual detallado.

**78 cartas •
manual de 56 pp.**
1-56718-812-58

Las cartas del Tarot por Robin Wood

¡También en inglés!

The ROBIN WOOD TAROT

1 The Magician 1

**THE ROBIN WOOD
TAROT**

These cards took nearly a decade to design—they combine traditional Tarot card designs and images with more current symbolism.

78 cards • 56 pp. booklet
1-56718-268-2

¡Inglés!

TAROT
Plain
and
Simple
by
Anthony
Louis
with illustrations
by Robin Wood

The Fool

Anthony Louis
TAROT
PLAIN AND SIMPLE
A thoroughly tested, reliable and user-
friendly self-study program
for those who want to do Tarot
readings for themselves
and others.

6"x 9" • 336

1-56718-400-6

... LECTURAS PARA LA MENTE Y EL ESPÍRITU

Anthony Louis
**APRENDA COMO LEER
EL TAROT**
Presenta una sistema con un lenguaje
muy simple sin referencias confusas.
6"x 9" • 264
1-56718-402-2

MANTENGASE EN CONTACTO...
¡Llewellyn publica cientos de libros de sus temas favoritos!

En las páginas anteriores ha encontrado algunos de los libros disponibles en temas relacionados. En su librería local podrá hallar todos estos títulos y muchos más. Lo invitamos a que nos visite a través del Internet.

www.llewellynespanol.com

Ordenes por Teléfono

✔ Mencione este número al hacer su pedido: **K399-9**

✔ Llame gratis en los Estados Unidos y Canadá, al Tel. 1-800-THE-MOON. En Minnesota, al (651) 291-1970

✔ Aceptamos tarjetas de crédito: VISA, MasterCard, y American Express.

Correo & Transporte

✔ $4 por ordenes menores a $15.00

✔ $5 por ordenes mayores a $15.00

✔ No se cobra por ordenes mayores a $100.00

En **U.S.A.** los envíos se hacen a través de UPS. No se hacen envíos a Oficinas Postáles. Ordenes enviadas a **Alaska, Hawai, Canadá, México y Puerto Rico** se harán en correo de 1ª clase. **Ordenes Internacionales:** Correo aéreo, agregue el precio igual de c/libro al total del valor ordenado, más $5.00 por cada artículo diferente a libros (audiotapes, etc.). Terrestre, Agregue $1.00 por artículo.

4-6 semanas para ïa entrega de cualquier artículo. Tarifas de correo pueden cambiar.

Rebajas

✔ 20% de descuento a grupos de estudio. Deberá ordenar por lo menos cinco copias del mismo libro para obtener el descuento.

Catálogo gratis

Ordene una copia de *Llewellyn Español* con información detallada de todos los libros en español actualmente en circulación y por publicarse. Se la enviaremos a vuelta de correo.

Llewellyn Español
P.O. Box 64383, Dept. K399-9
Saint Paul, MN 55164-0383

1-800-843-6666